岩波現代文庫／文芸 168

大阪ことば学

尾上圭介

岩波書店

大阪商人の秘けつがわかる『ことば帳』

金田一春彦

これまでの大阪語の研究というと、品詞の分類や文法を書いたものがほとんどであったように思う。しかし、この本はそういった文法学だけに片寄らない、生きた大阪のことばの本である。筆者の尾上君は東大の教え子で、大学院の私の講義では熱心によく質問されたことを覚えている。

尾上君は大阪市の生まれで、東大に進み、十一年ほどの東京暮らしを経て神戸大学に勤めることになったそうだ。大学の学生さんたちとしゃべってみたら東京暮らしで変わってしまったのか、どうもなかなかリズムに溶け込めなかったそうである。普通ならそこでもうやめようとするのが大半かと思うが、ここが彼の面白いところである。これはいかん、と奮闘し国文学専攻読書室という学生さんたちのたまり場に連日通いつめたのだそうだ。この時の経験が、この本の新鮮さに結びついているのだろう。

例えばこんな話が載っている。革の財布を探して、梅田の地下街の店に入ったときのことである。ほしい財布の好みをひととおり説明して「黒のカーフの札入れで、マチがなくて……の手触りのええのん、無いやろか」と聞いたという。と、店の主人はそこで何と言ったか。「惜しいなあ、きのうまであってん」と返してきたそうだ。この話を読んで私はとても面白いと思った。たぶん最初からそんなものなかったのがほんとのところであろう。しかし、「ちょっとおまへんな」あたりでおさめないところがうまい。惜しいなあと言われたら、ほんとにそんな気分になり、調子のいい事言いやがってなどと思いながらも面白い、また今度ここに来てやろうという気になってしまう。こんなところにも大阪人の商売上手が感じられる。一度来たお客を逃がさず、うまく次につなげる。大阪が商人の町と言われるゆえんである。

つまり、言葉というのは地域の文化の表現でもあるわけで、そのことを実に切れ味よく、ユーモアたっぷりに書き上げた『ことば帳』である。

（国語学者・『時事評論』二〇〇一年四月号）

目　次

カバー・章扉イラスト＝はるき悦巳

第一章

なんなと言わな、おもしろない

聞いて退屈せんように

平成七年の一月、阪神地域はたいへんな震災に遭った。東京から電話のダイヤルを回し続け、何日か後にやっと通じた神戸の知人の声は、意外に明るかった。

「なんや急に体がほり出されて、まっ暗な中で一体なにがどないしたんかいな思て、ゆっくり見たら、二階で寝てたはずが一階で寝てますねん。はあ、一階がのうなったんですわ」

「子供が『おかあちゃーん』ゆうて泣くもんやから、しっかり抱いて、おかしいなあ、なんで風がスースー来るねやろ思て、左の方見たら、なんや火が燃えてますねん、むこうの方で。はあ、外が見えますねん。壁に大きな穴があいてるんですわ。寒いはずや」

「子供の手ェひいて、はだしで逃げてねえ、どこをどう走ったか覚えてませんわ。やっと人が集まってるとこへ着いてほっとしたら、目がはっきり見えませんねん。いやいや、ケガとちがいます。コンタクトはいってないんですわ」

考えられない恐怖の体験を、電話のむこうにわかってもらおうと一所懸命に話してくれているのだが、文字にしてみると、どことなくおかしい。余裕があるように聞こえる。深刻な事態にはちがいないのだが、暗い話をただ暗く話しても仕方がないではないかという感覚が、この地域の人々にはある。無論、聞く人を笑わせようとしているのではない。強いておもしろおかしく話して自分をことさら励まそうとしているのでもない。ただ、ものを言うときの身のこなしとして、ことに自分自身のことを人さまにゆっくり聞いていただく時のたしなみとして、聞いて退屈せんように、ちょっとは変化もあるように話をしたいという感覚が、身についているのである。そうでないと、話をしている自分自身の肩が凝《こ》るというものである。

「みんな親身になって心配してくれて、ありがたい思てます、はい。二日目には京都と大阪から親類がとんで来てくれて、『今なにが一番欲しい』ゆうて尋ねるから、『家が欲しい』言うたら、『そら、わしらも欲しい』て……」

被災直後に小学校の体育館でテレビのマイクを向けられた年配の女性の返事が、これである。京都、大阪から何十キロも歩いてたどりついて、命があったことを祝う気持ちをそういう冗談で表現した親類もえらいが、ほとんど飲まず食わずの被災三日目に、マイクを向けられて、そのやりとりをニッコリと要領よく紹介して見せたこのおばさんの力量もすごい。これが阪神間の文化というものであろう。

きわめつけは、三十時間も生き埋めになってようやく救出された直後の六十代の男性のことばである。つぶれた家の梁と壁の間のわずかな空間に閉じこめられて三十時間、寒さと闘いながら自分の小便を飲んで生き延びたこの男性に対して、テレビの記者は、どういうことばで感想を求めるべきか、あからさまにその体験を聞いてよいものかどうか、明らかに躊躇していたが、それを察してか、その男性はサラッと話した。

「ビニールの袋にためて飲みましてん。……こんなん、放送せんといてや……妙な話やけど、ピュッと飛びませんねん。なんでや知らんけど、タラタラとしか……。……けど、まずかった。へ、へ、まずかった……」

助け出されてわずか一時間のこの男性は、テレビカメラの前で、目立とうとしているのではない。取材に来た記者を、べつに喜ばせようとしているのでもない。三十時間の息がつまる暗やみから解放されて振り返ってみると、恐怖や寒さもさることながら、妙に些細なことが印象に残っている。今となっては、それもおかしい。テレビでこんなことを放送されても困るが、せっかく尋ねてくれたその人のためにも、また自分の気持ちをだんだんとなだめるためにも、その経験を人に話してみたい。命のために思いきって小便を飲んだときは、もちろん味なんかどうでもよいと覚悟はしていたが、それにしてもあんなまずいものだとは思わなかった。やっぱりびっくりしたわ。あんなん、飲むもんやないで、あんた……ということなのである。

聞いて退屈せんように、言うてる自分がちょっとはおもしろいように、なんなと工夫して話をするのでなければ、ものを言う甲斐がない。意識的に計算してではなく、この地域に生まれ育った者の自然の身のこなしとして、そういう感覚が身についているのであり、そのやりとりの上に成り立っている社会がある。思いもかけない災難で、あしたどころか今日の生活の目処《めど》も立たない人たちが、このやわらかい、軽やかな自己表現の感覚を失っていないのを見て、神戸は健在だ、阪神間は大丈夫だと、私は思った。

神戸にも大阪にも暮らした経験のない東京の人が震災直後のテレビの被災者たちのインタビューを見て、「あんなことがあったのに、神戸の人はどうしてあんなに落ち着いているの？　どうしてあんなに穏やかでいられるの？　神戸の人はえらいわ。ほんとに尊敬するわ」と感想を語るのを、何人も聞いた。被災直後にも秩序が乱れず、人が平静を保って驚異的であるという外国人特派員の報告は関東大震災の時もあったが、今回は、被災した人々のやわらかいもの言いが、テレビでなまで伝えられて、全国の人の驚きを誘った。六年前まで神戸に住んでいた私に見舞金を託して下さった東京の方も何人かあったが、それには異口同音に、テレビで見る阪神間の人たちの、ことにその穏やかで余裕のある話しぶりへの賛辞が添えられた。地域のことばがある限り、その社会は健在である。それは、単語やアクセントの問題ではない。そこに生活する人の他人に対する接触のしかたの問題であり、自己表現の様式の問題なのである。

当たり前のこと言わんといて

この年は、大阪あたりは厄年であったらしい。秋には、セアカゴケグモとかいうややこしい毒グモが発生して、地震に比べれば子供だましみたいなものだが、それでも世間は少し驚いた。

大雪、日照り、給水制限、選挙、いじめ、住専問題と、何があってもテレビはすぐ

「一般の人たち」の感想を求めてマイクをつきつけるが、これが見ていてなにやらうっとうしい。いじめについて感想を聞かれたら「こまったことです」と言う以外になく、住専問題なら「許せません」、米軍基地なら「減らしてほしい」と答えるに決まっているではないか。複雑な問題について、ひとことで感想を問われたら、言えることは決まってしまうし、テレビカメラを向けられた手前、ちょっとはかしこそうな顔をしたいという心理も働くから、選挙についての感想は、決まって、「政治家は信用できません。だれがなっても同じです」となる。ほんとにだれに聞いても同じで、そんな決まりきった馴れ合いみたいなやりとりを、恥ずかしげもなく撮る方も撮る方だが、そういうテレビを仕事もせずにぼんやり見ている自分にもイライラしてくる。

だいたい、「どうですか」という問い方がよくない。「給水制限が始まりましたが、どうですか」と言われたら、「こまってます」と言う以外に何と答えられるであろうか。テレビニュースのためにはこういう「一般の人の声」が欲しいなあと期待した答を、そのとおり言わせるためにつきつけたヤイバが「どうですか」である。大阪の人間にとっては、わかりきったことをもっともらしく言うというのは、恥ずかしいことである。だれも否定できないような、「だれもそうでないとは言わんで」というような当たり前のことを何の芸もなくただ当たり前に言っただけで、澄ました顔でその場に立ち続ける、そのようなことは、大阪人の含羞《がんしゅう》にとっては堪《た》えられないところである。そのような立場に「どうですか」ということばで追いこむのは、一種の暴力とさえ言えるのではないかと思えてくる。

「セアカゴケグモという毒グモが日本にはいって来ているらしいんですけど、どうですか」

「どうですか」はないだろうと思う。「こわいです」とか「どうしたらいいか、わかりません」などと言わせようとしているのであろうが、大阪のおばちゃんは、そうは反応しない。

「毒グモが日本にはいって来ているらしいんですけど、どうですか」

「いややわ、そんなもん。……もうちょっとええもんに来てもらいたいわ」

記者の質問の、そういううっとうしさを突こうとして、意識的にまぜ返したわけではない。「どうですか」と尋ねられたら、それは「いや」に決まっている。しかし、そう答えただけではあんまり当たり前すぎて、第一、あいそがない。なんなと言わな、会話にならないではないか。そこで耳に残っているのが「日本にはいって来ている」という、妙にもってまわった記者の言い方である。「毒グモが出た」なら「出た」でよいではないか、それをわざわざ「日本にはいって来ている」などと言われると、そこに反応しなければ悪いような気になる。そこで、右の返事となったのであろう。中途半端にきっちりとものを言いたがる、話しことばと書きことばの区別もついていないような、若い、学校出たての記者の質問のぎこちなさを、大阪の感覚あふれる、話しことばのベテランが、たくまずして突いたというところであろうか。

同じ事件で、別の人への質問である。

「毒グモがもしいたら、どうしますか」

相手は年配の主婦である。いくら五十がらみとは言え、女性のことだから、「わあ、おそろしい」とか「気味が悪い」とか、「だって、どうしたらいいか、わからないですもの」ぐらいの答を期待して、だからこそ「どうしますか」と問うたのであろうが、それは、大阪のおばさんを知らない素人の考えることである。

「毒グモがもしいたら、どうしますか」

「そら、たたき殺すわ」

べつに、ギャグを言おうとしたのではない。カメラがまわってマイクを突きつけられているのだから、何でも考えられるかぎり正確に、しっかりと返事をしようと構えたのだが、そこであらためて「毒グモをどうするか」と尋ねられたら、それは殺すに決まっている。何をあらたまって、しょうもないこと言いだすねんな、この人は。当たり前のこと聞かんといてという気持ちが、思わず「そら、たたき殺すわ」ということばになったのである。

「毒グモは、どうですか」と言われたら「いやや」、「どうしますか」と聞かれたら「殺す」、それはそう答えるしかない。そんなわかりきったことを、もってまわって、ことばを飾って、カッコつけてごちゃごちゃ言うのは、大阪の人間の忌み嫌うところである。けれども同時に、そう答えただけではあんまりあいそがない。それとは別になにかつけ加えて会話らしいものにしないと、それこそ「しょうもないこと聞かんといて」とケンカを売ってるようになる。それは、大阪人の対人接触の感覚からすれば、我慢できないことである。「もうちょっとええもんに来てもらいたいわ」と、自分たちの置かれた立場をわざわざつき放してみせるか、「たたき殺すわ」のひとことの中に「そら、もう、殺すでェ。黙ってほっとくかいな、そんなもん。決まってるがな」という、過剰な気持ちをあえて演じてみせるか、いずれにせよ、何らかの加工を加えて笑いに持ちこむことで、やっと会話らしいものを成り立たせる。それが大阪の会話のベテランの作法というものである。あえて言うなら、相手の不細工な問い方とそれがもたらす気まずさを瞬間的に救うという、とりたてて意識もしない、身についた、やさしさでもある。

文化としてのことば

しかしそういう高度な芸当は、あるいはやさしさは、そのような感覚を自らの内に持っていない人からは、誤解されやすい。「たたき殺す」というような下品なことをなぜわざわざテレビカメラにむかって言うのか、「もうちょっとええもんに……」というような欲の深いことをなぜこんな場合にまで言うのか、笑いを取ろうとしていることはわからないでもないが、こんな場合にそこまでして、なぜ目立ちたいのか……下品で、どん欲で、たしなみが無くて、自己顕示欲が強い、というような伝統的な大阪人イメージは、このようにしてでき上がる。近畿以外の地域の人が大阪ないし大阪人に対して抱きがちな、そのようなイメージは、今の、例えば東京の若い人たちの間では相当に変わって来ている。けれども、全国的に中年以上の人の大阪ぎらいには根深いものがあり、それは、安手の大阪ものテレビドラマの影響を差し引いてもなお、右のような事情で成立するということを、われわれは知っておいた方がよいであろう。それは、言ってしまえば、一つの文化というものがその文化の外にいる人には理解されにくい、そういう宿命を持っているということの端的な現れである。

地震で家を失った人があれほど穏やかにやわらかく話していたことと、ヤクザでも何でもない普通の主婦がまだ出会ってもいない毒グモを「たたき殺す」と言い放つことと、その二つの落差が、よその人には理解しにくい場合があるのであろう。彼らが〝関西弁〟に感じるその二面性を、神戸と大阪の差である、あるいは大阪と河内の差であるなどと、わけ知り顔に地域差に持ち込んで解説する人さえある。無論、それは正しくない。被災者のどこかおかしい、余裕のあるもの言いと、毒グモ主婦の切って捨てるような突き放したことばの背後には、聞いて退屈せんように、言うてる自分の肩が凝らんように、なんなと言うておもしろせなあかんという感覚、相手と自分の間に気まずさや我慢の沈黙を許してはならないという配慮が、共通に横たわっていることに、気づかねばならない。

ことばの背後に見て取れる、人と人との接触の仕方、ものの感じ方や表現の仕方、そういった面での独特の洗練された様式こそが、その都市の文化である。一つの文化は、そこに内在する普遍性のゆえに、外の人にも理解される可能性を持つ。最近の東京では、どうしたことか、若い人たちの間で、幾分の誤解をも含みながら大阪がひとつのあこがれと言えるようなものにさえなってもいる。大阪に生まれ育った者の単なる郷愁としてでなく、また、こんなけったいなものの言い方が大阪にはありますよという、おもしろ風俗としてでもなく、正当に、大阪のことばとその中にある大阪の文化を考えてみたいと思う。

地方・反中央・反標準、ホンネ(反規範)、感情(反論理)といった様々の特徴が、前近代性とともに一括して「土着」ということばで呼ばれることがある。そのような意味での土着性の極限として大阪のことばを見ることは、まったく見当はずれである。一般に方言というものは、そのような土着性という目で見るのでなく、その地域の人々の対人接触の様式、自己表現の様式、思考様式、行動様式の現れとして理解することが必要であろう。単なるお国自慢でもなく、地域の排他的な自己主張でもなく、ましてや〝土着性〟への居直りでもなく、地域の文化を体現するものとして、地域のことばを正当に見て行くことが、多様な文化の共存する日本を自覚することにもなる。そのような姿勢で、大阪のことばと文化を考えて行きたいと思う。

第二章

せっかくものを言うてくれてるのやから

いてる、いてる

二十年ほど前、大阪を舞台にした「おはようさん」という朝の連続ドラマがテレビで放送されたことがある。その中の若い主人公のものの言い方に、読売新聞のテレビ欄投書コーナーで、注文がついた。

「毎朝八時十五分からのNHKテレビ『おはようさん』を楽しみに見ています。いつも気になるのですが、主人公の一人、彩子さんが返事をする時や電話を取る時〝ハイハイ〟ということです。私共は親から二つ返事をきびしく注意されて育ちました。まして彩子さんのように、目上の人に対しての二つ返事などには驚かされます。大阪の方では、普通のことなのでしょうか」(小樽市・主婦・匿名希望、三十八歳)

というものである。「同様投書、今までに四通」と係が注記しているから、これが気になった人は、全国に大勢いたのであろう。

この一週間ほどあと、「いや、大阪では〝ハイハイ〟でかまわないのだ。元気があってよいではないか」という大阪の人からの反論が、この「放送塔」という同じ投書欄に載った。それはそうだろうと私も思っていたところ、それに対する反論がまたまた掲載されたのである。

「十一日付放送塔でＮＨＫテレビ『おはようさん』の返事『ハイハイ』は、大阪ではそれでいいのだという意見が出ましたが違うと思います。商店での応対ならいざしらず、会社の場合『ハイ〇〇でございます』と言うように、私はきびしく教育を受けました。相手がだれだかわからぬ電話を受ける時ハイハイは失礼だと思います。私も大阪生まれ大阪育ちです」(小平市・主婦・×××子)

大阪生まれ、大阪育ちの、言わば身内からもクレームがついたりして、この議論はどこまで続くことかと思われたが、「係より——この問題はこれで打ち切らせていただきます」という一行で、幕切れとなった。むりやりにでも打ち切らなければならないぐらい、人の投書意欲をかき立てる問題だったようである。これは、言語習慣と好みの問題であるので、いずれが正しいか議論して決まるようなことではない。ただ、その感覚は、地域によってかなり差があるらしいことがわかる。

そう言われてみると、ことばを二回くり返して返事をすることが、大阪では、たしかによくある。

「おっちゃん、いてるか」「いてる、いてる」

「あの話、聞いたか」「聞いた、聞いた」

「さがしてたサイフ、あったか」「あった、あった」

「今日は暑いなあ」「暑い、暑い」

というようなもので、文字に書けば「いてる、いてる」と、間にテンを入れなければわかりにくいが、しゃべるときには切れ目なく二回続けて「イテルイテル」と発音することになる、あの返事の仕方である。

このくり返しは、大阪の人間にとっては何でもないことだが、先の「ハイハイ」の投書に見られるとおり、よその地方の人にとってはかなり耳ざわりになるらしい。「あった」なら「あった」でよいところを「あった、あった」と言われると、なにかまともに相手にされていないような、馬鹿にされているような印象を受けることがあるというのだ。

ではなぜ、大阪ではくり返して言うのか。もちろん場合にもよるが、一回だけではあいそがないという気持ちが働くのであろう。せっかく「サイフあったか」と好意できいてやっているのに、「あった」とひとことで片づけられたら、「ひとのこと、ほっといてんか」と言われているような気がする場合さえあるだろう。「あった、あった」とくり返して答えてこそ、「ようきいてくれた、ありがとう」という気持ちが相手に伝わるのである。

よう声をかけてくれた、あんたとこうして話をすることがわたしもうれしい、というような気持ちを積極的に表現してこそ、会話は会話になるのであって、用件だけをボソッと言うのは会話ではない。よくぞこういう会話のチャンスに出会えたことだ、わたしもあんたにこのことを言いたくてしょうがないのだ、というような気持ちを表してこそ会話と言えるのであって、少なくとも敵意がない以上、ひとにものを言うときにはそういう姿勢がなければならない。大阪の人間にとってはそうである。

「おいでやす、ごめんやすには蔵が立つ」ということばがある。客が店に入って来たらその客が「ごめんやす」と言うより先に店の者が「おいでやす」と声をかける、「おいでやす」「ごめんやす」の順序になるような応対をしていれば店が繁盛して蔵が立つという意味である。

お客様であろうとなかろうと、親しい相手であろうとなかろうと、ひとが自分に接触して来たら、その接触を歓迎して自分も楽しむという雰囲気を積極的に示すというのが、本来の意味での都市生活のマナーである。かかって来た電話に、声をはずませて「ハイハイ」と答える、「いてる、いてる」「聞いた、聞いた」「あった、あった」、ひとからものを言われた返事においてことばを二回くり返すという大阪のものの言い方の独特な習慣には、このような意味で、大阪の都市としての伝統の深さ、心くばりの細やかさが表れていると言えるだろう。

「いてる」とはなんのこと?

ついでながら、「いてる、いてる」の「いてる」という語法自体、近畿以外の人の耳には奇異に響くようである。「見えてる」はきっちり言うと「見えている」だから「いてる」は「いている」のはずだが、「いている」などという言い方は、現代の日本語にはない。それなのに大阪弁で「いてる」と言うのはどうしたことか、というのである。たしかに、東京をはじめ日本中のほとんどの地域で「いてる」などとは言わない。大阪でも、東京でも、「あってる(←あっている)」「おってる(←おっている)」とは言わないように、一般に、存在という意味を表す動詞(「ある」「いる」「おる」)に「ている」が付くことはない。それなのに、「いている」の縮約形「いてる」だけが大阪で生きているのはどうしたことか、という疑問である。

これは相当にむずかしい。むずかしいから、ここは読みとばしていただいて結構だが、大阪弁では「てる」という語形がもともと「ている」の縮まった形だという意識がかなり薄くなり、「今ではそういうことがたしかに起こっている」「現にそうなっている」というような意味を表す単なる活用語尾として使われるようになっているということである。「見える」に対して「見えてる」があるように、「いる」に対して「いてる」という語形があるわけである。「むこうに山が見える」と言っても「むこうに山が見えてる」と言っても、意味にほとんど差はない。わずかに後者の方が「そういうことが現実に、たしかに起こっている」というニュアンスが強いかなあ、という程度である。「兄弟が二人いる」と「二人いてる」の差も、その程度に過ぎない。「てる」が、そのようなニュアンスを付け加えるだけの語尾として意識されているために、「いてる」というような不思議な語法も大阪弁には存在するのである。

しかし、それなら「あってる」「おってる」という形も大阪弁にあってよいはずではないか。どうしてないのか。それは、さらにさらに、むずかしい問題である。むずかしすぎるから、ここでは、そっと残しておこう。

共通語ではあり得ない「いてる」「いてない」という語形が大阪弁にはある。このことにも見られるように、大阪の「てる」の使用頻度は、例えば東京の「てる」「ている」に比べると、かなり高い。これはなかなか気がつきにくいことだが、過去のことを語る場合、東京だったら「た」を使うところで大阪では「てる」を使うことがかなり多いという傾向がある。

「修学旅行、どやった？　おもしろかった？」
「ぼく、行ってないんです」

東京だったら、十中八、九、「ぼく、行かなかったんです」と答えるであろう。大阪では「行ってないんです」と答える方が多いような気がする。

過去のことを説明する際、「行かなかった」「行って(い)ない」、この二つの言い方が、もちろん、東京でも大阪でもあり得る。けれども、その使用頻度、どういう状況でどちらを使うかという使用の傾向という点で、大阪と東京でははっきりと差があるように思われる。大阪では「てる」「てない」を使うことが、東京に比べると、かなり多い。

これは何を物語るか。同じ過去のことをひとに説明するのでも、東京では、現在と切り離された一つの事実として「〜しなかった」と言うのに対して、大阪では、あくまで「現在の立場から見て(過去に)そういうことは起こっていない」という視点をもって「〜して(い)ない」と言う傾向が大きい。そのように、ものの見方、とらえ方の傾向の差としても解釈できそうであるが、この事実だけをもってそう判断するのも、ちょっと危険ではある。「てる」「てない」が大阪で多用されるということは、当面、事実指摘にとどめておきたいと思う。

きのうまであってん

話を本筋にもどそう。大阪の、芸のある店では、せっかくはいって来た客を容易にのがしはしない。

私は革のサイフが好きで、そういうものを売っている店があると、ついのぞいてしまうのだが、ウインドーの中には、なかなか思うような札入れが見当たらない。まあ、そこであきらめてもいいのだが、念のため店の人にきいてみる。

「黒のカーフの札入れで、マチがなくて、カードが二枚ほどはいって、キラキラした金具がなんにもついてないやつで、ごく薄くてやわらかあい、手ざわりのええのん、無いやろか」

「惜しいなあ、きのうまであってん」

梅田の地下街の店でこう応対されたとき、「ほんまかいな」とツッコむ前に吹き出してしまった。どうせひやかし半分の客がゴチャゴチャとややこしい注文をつけているのだから、「ちょっとおまへんなあ」ぐらいの返事でイナしてもよいところなのだが、まあそこは商売、なんなと言うて別の品もんのひとつも見てもらおうかという、絶妙の受けこたえである。

きのう来たってあるわけはないのだが、そういうふうにアイソされたら、思わず吹き出した客の方では、その芸に免じてほかのサイフのひとつも手にとって、しばらく話しこむことになる。せっかく客の方から声をかけて来てくれたのだから、その接触をのがしてしまう手はない。買う、買わないは二の次、なんのかのと会話をふくらまして行くことが商いなのであり、人との接触の大阪の流儀なのである。

ちょっとしたきっかけをつかまえては人との間に会話をふくらまして行く大阪弁の感覚にとって、「あってん」という語法は、まことに便利この上ない。「きのうまであった」と言われたら「うそつけ!」と言いたくなるし、「きのうまであったのに」とさも残念至極、未練たらしく返事をされたら、「なんでそこまで言われなあかんねん」と、うっとうしい気分になる。ここはどうしても、「きのうまであってん」でなければならない。ひとに自分の手の内を明かして説明するとき、現在のことだったら「今あるねん」と言う。過去のことだったら「きのうまであってん」と言う。そのような便利なことばを道具として持っている大阪弁は、自分のふところを相手に開いて見せるという傾向の大きい大阪人のコミュニケーションにとって、なくてはならないものであり、そのようにしてひととの間に会話をふくらませて行くのである。

会話というものは、ただ用件が伝わればよいというものではない。相手とのやりとりを自分も積極的に求め、楽しんでいるという姿勢を表現してこそ、それが会話というものだ、というのが大阪の人間の感覚である。せっかく自分にものを言ってくれている相手に対して、ただ黙って聞いているだけではあいそがない。そこで、用件の本筋に関係のないところでごじゃごじゃと相手にからんで楽しむ会話というものが、よく現れる。

「表へ出たら丼池筋、これをどんと北ィ突き当たる」

「イヒッ、でぼちん打つわ」

「べつにでぼちん打たいでもええ。まっすぐに行くことを突き当たるいうねん。この丼池の北浜には橋がない」

「サヨサヨ、昔からない。いまだにない。これひとつの不思議」

「べつに不思議なことはない。橋ない川は渡れん、てなこと言うな」

「渡るに渡れんことはおまへんで」

「ホウ、えらいな。どうして渡る」

「舟で渡ろか、泳いで渡ろか」

「それでは事が大胆な」

「ほたら、どうしょ」

「だまって聞きィな、せわしない男やな」

これは、「池田の猪買い」という上方落語の一節で、猪の肉を買いに池田へ行く道順を教えてもらっているのに、黙って聞いていられない男の会話である。もちろん、相手をへこまそうというのではない。黙って聞いているだけではあいそがないから、なんなと言うてからんで行くのであって、子猫が親猫にじゃれつくのと同じく、それは相手への信頼と好意の表現である。

ことばを尽して語ってくれた相手に対してただ「あ、そうですか」と受ける、あるいは、せっかく好意で質問してくれた相手に対してただひとこと用件のみ「いてる」と答える、そのようなことは大阪人の含羞にとっては堪えられないところである。そのような恥ずかしさを避けるために、「ああ言えばこう言う」式にからんでみたり、どうでもよいことをごじゃごじゃ言い立てたりする。それは、東京流のリリシズム、ないし一刀両断的な見通しのよさを求める感覚からすれば、くどいとしか言いようがないということもまた事実であるが、大阪の感覚からすれば、相手とことばのやりとりをするそのこと自体を喜んでいるという気持ちまで表現してこそ、人間らしい会話と言えるのである。

第三章

ネンが足らんは念が足らん

ネンをつけたらよろしねん

せっかく物を買おうと思って店にはいっても、店員の応対が悪いと、「もう二度と来るもんか」という気持ちになる。

「これぐらいの大きさのベッコウのくしおくれ」

「おまへん」

というような返事をされると、「この店に置いてないもんを買いに来るな」と叱られているような気になる。

そこで、大阪の商家では昔から丁稚さんの言語教育に力を入れたらしい。「そういう時は『おまへんねん』と『ねん』をつけなはれ。ことばにネンが足らんのは気持ちに念が足らんのや」と教えられると、なるほどそうかと思う。たしかに「おまへんねん」と言うと、先ほどの相手をつっぱねるような調子はみごとに消えてしまうから不思議である。

「ネン」をつけると、どうして当たりがやわらかくなるのであろうか。実は、「ネン」ということばは、相手と自分の間にある扉を開いてこちらの手の内を相手に見せるという姿勢を持っているのである。

「ネン」はもともと「ノヤ」であり、ノヤ→ネヤ→ネンと音変化をとげたものであって、「ノヤ」は言うまでもなく共通語で言うところの「ノダ」である。濡れている地面を指さして、事情を知らない人に「雨が降ったのだ」と説明するときに使うとおり、「ノダ」ということばは、話し手だけが知っている事情、話し手の側に属する事情を、相手に見せて解説するという働きを持つ。「ネン」もこれと同じで、ただ「おまへん」と言うと「ない」という事実を裸でほうり出すことになるが、「おまへんねん」と言うと「実はないのです」というように自分の店の事情を客に説明することになる。「わし、帰る」と言えば一方的な宣言であるが、「わし、帰るねん」と言えば、自分のしようとする行動の中身、つもりを相手にうちあける表現となる。「ネン」をつけることによって「実は……なのです」というような「ことを相手にうちあける」姿勢が表現されることになるから、当たりがやわらかくなるのである。

相手と自分の間に壁を作るまいとする傾向の強い大阪弁にとって、このような響きを持つ「ネン」はまことに便利なことばである。

「あいつ、むちゃくちゃ言いよるねん」

「それがなあ、おもろいねん」

「今日、昼からひまやねん」

「ちょっとも仕事あらへんねん」

というように、どこにでも「ネン」をつけたくなる。べつに「実は……なのです」というほどの気持ちがない場合でも、「ネン」をつけることで、やわらかく、親しく、手の内を開いて話しかける調子が出るから、大阪の人間にとって「ネン」はなくてはならない道具となっている。

今「ある」こと、これから「行く」ことを、「あるねん」「行くねん」と言う。では、さっき「あった」こと、「行った」ことを言うときは、どう言うか。「あったねん」「行ったねん」とは言わない。「あってん」「行ってん」と言う。

考えてみれば、これはものすごい発明である。「ネン」という語形は、ノヤ↓ネヤ↓ネンというように、その由緒正しい生まれをたどることができるが、「テン」の方はそれができない。「あったノヤ」がどう転んでも「あっテン」という形にはならない。ではどうして「あってん」「行ってん」という形が生まれたのか。それはただ、「あった」「行った」の「タ」を、「ネン」のｅｎ音にそろえて「テン」にしただけのことである。「ネン」ということばはまことに便利だから、「ネン」の過去形があったらもっと便利にちがいない。「ネン」があるのだったら「テン」があってもいいだろう、作ってしまえ、というわけである。「テン」ということばを作って使ってみたら、やっぱりたいへん都合がいい。無理矢理でもなんでも、便利なものはそれでいいではないかということで、大阪弁の中に市民権を得てしまったわけである。

「黒のカーフの札入れで、マチがなくて、カードが二枚ほどはいって、キラキラした金具がなんにもついてないやつで、ごく薄くてやわらかあい、手ざわりのええのん、無いやろか」

「惜しいなあ、きのうまであってん」

「テン」という融通無礙《ゆうずうむげ》の造語法、それを許してしまうまでの大阪人の「ネン」好き、それを考えるたびに、私は梅田の地下街のサイフ屋の右の応対を思い出す。こんな芸のある店がそこここにある。これが大阪の文化というものであろう。

ネンにもいろいろありますねん

「ネン」は自分の側にある事情を相手にうちあけて見せるものの言い方であると言ったが、その場合の気持ちというのは、実はいろいろある。必ずしも、やさしい、やわらかい説明だけではない。「ネン」にこめられる気持ちの多様さを見るために、島田陽子さんのすばらしい詩を三つばかり紹介したい。

うち　知ってんねん

あの子　かなわんねん
かくれてて　おどかしやるし
そうじは　なまけやるし

わるさばっかし　しやんねん
そやけど
よわい子ォには　やさしいねん
うち　知ってんねん

あの子　かなわんねん
うちのくつ　かくしやるし
ノートは　のぞきやるし
わるさばっかし　しやんねん
そやけど
ほかの子ォには　せえへんねん
うち　知ってんねん

そやねん

うちのこと　かまいたいねん
うち　知ってんねん

（『うち知ってんねん——島田陽子詩集』教育出版より）

ねんねんうた

ねんねんよう　ねんねんよう
ねんねん　なにわは　ねんのまち
ねとうないねん　あそぶねん
ねむとうないねん　おきてんねん
ねぶた目なんか　してへんねん
（以下略）

（『大阪ことばあそびうた』編集工房ノアより）

おんなの子のマーチ

きかいに　つようて
げんきが　ようて
スピードずきな　おんなの子やで
うちのゆめは　パイロットや
ジャンボジェット機　うごかしたいねん
　おんなの子かて　やれるねん
やったら　なんでも　やれるねん

しんぼう　づようて
あいそが　ようて
しゃべるん　すきな　おんなの子やで
うちのゆめは　外交官や

せかいのひとと　あくしゅをするねん
おんなの子かて　やれるねん
おかあさんになったかて　やれるねん

ちからが　つようて
どきょうが　ようて
スリルのすきな　おんなの子やで
うちのゆめは　レンジャーや
災害おきたら　たすけにいくねん
おんなの子かて　やれるねん
そやけど　せんそう　いややねん
へいたいさんには　ならへんねん

（『うち知ってんねん——島田陽子詩集』教育出版より）

「うち知ってんねん」の「ねん」は、話し手だけが承知している内容、中でも自分に関することを、相手に開いて見せるという気持ちで、この用法を名付ければ〈告白〉と言えようか。「ねとうないねん」「ねぶた目なんかしてへんねん」の「ねん」は、自分に関することで相手が十分には納得していないことを相手にむかって訴えるという気持ちで、名付ければ〈訴え〉。「わるさばっかししやんねん」「よわい子ォにはやさしいねん」の「ねん」は、自分以外に関することで、しかし自分だけが知っていることを、相手にむかって「実は」と教える気持ちで、名付ければ〈教え〉。「あの子かなんねん」「せんそういややねん」の「ねん」は、〈告白〉と〈訴え〉の重なったような気持ちであろう。

「あそぶねん」「おきてんねん」「せかいのひととあくしゅをするねん」などの「ねん」は、これから自分がするつもりのことを相手にむかって開いて見せる気持ちで、名付ければ〈意志〉。「そやねん」「うちのことかまいたいねん」「おんなの子かてやれるねん」の「ねん」は、ある内容を話し手自身が「ああ、そうなんだ」と初めて気づいてことばにして受けとめる気持ちで、名付ければ〈発見・認識〉。「やったらなんでもやれるねん」の「ねん」などは、この〈発見・認識〉とも言えようが、あるいは初めて気づいたのではなく、忘れかけていたことを話し手自身がことばにして再確認するような気持ちとも言えようか。だとすれば、名付けて〈再認識〉の用法とも呼ぶことができよう。

このように、「ねん」が帯びる気持ちは多様にあり、詩の中には出て来なかったが、このほかにも「さっさとするねん」のような〈命令〉と呼ぶべき用法もある。〈告白〉〈訴え〉〈教え〉〈意志〉〈命令〉〈発見・認識〉〈再認識〉というような用法の広がりは、実は、共通語の「ノダ」にもあり、この点でも「ネン」はもともと「ノダ」と同じものなのだということが知られるが、もちろん、人はそのような用法の区別を一々意識することなく、その場その場で「ネン」に様々な気持ちを込めているわけである。

「ネン」は共通語の「ノダ」と同じ出自を持ちながら、「ノダ」より広く使われている。共通語で「……なのだ」「……するのだ」と言ってしまっては重たく、おしつけがましく感じられるような場合でも、大阪弁では「……やねん」「……するねん」ということが自然に言える。それは、「ネン」が「ノダ」とはちがって、ある種の表現姿勢を表すだけの終助詞のようなものに変質していることでもあるが、そのような特別な助詞を必要とするほどに、大阪の人は「垣根をはずして、うちあけてものを言う」という表現方法を愛用するということでもある。大阪の人の開放性のひとつの現れである。

マンネンてなんデンネン

文末の「でんねん」「まんねん」という言い方は、昔ながらの大阪弁らしい、いかにももっちゃりしたものの言い方として、今では、それだけで若い人の笑いをさそうようである。

たしかに、「でんねん」「まんねん」は大阪でも若い人はあまり使わない言い方で、時代離れした大らかさを感じさせるものではあるが、だからと言って、この言い方がもっちゃりしているとか、それ自身でおかしいと感じるのは、非大阪人の感覚にちがいない。「なにしてんねんな。はよ仕上げてくれなこまるがな」「へえ、すんまへん。今急いでやってまんねん」というような時の「まんねん」は、のんびりどころではない。なんとか相手に自分の事情をわかってもらおうという必死さすら感じられる。

近畿以外の人が「でんねん」「まんねん」から〝もっちゃり〟とかおかしみを感じる原因は、主に「ん」の音にあるらしい。「はやくやってくれなくっちゃあ」というように「っ」のつまる音が幅をきかせ、k、tのような硬い子音の目立つ東日本のことばに慣れた感覚からすれば、「はよせなあかんがな」のように「ん」の音やn、ngのような柔らかい子音が目立つ大阪弁は、その音の聞こえだけで、ふにゃふにゃして締まりがないという印象を受けるようである。

けれども、これは単に聞く人の耳の慣れの問題で、ことば自身の性格とは何の関係もないことである。鼻にかかった音が多いフランス語をしゃべるフランス人は甘ったれで、子音が硬く聞こえるドイツ語を話すドイツ人はけんかっぱやい、というような議論には何の根拠もない。

「でんねん」「まんねん」は「ですのや」「ますのや」が音変化をとげた形である。

共通語では「ですのだ」「ますのだ」と言うことはあり得ないが、大阪では「うちの弟ですのや」「英語が読めますのや」という言い方が許される。その「ですのや」「ますのや」が「でんねや」「まんねや」から、さらには「でんねん」「まんねん」と発音されるまでに至ったのであるが、「です・ます」の下にさえ「ネン(＝ノヤ)」をつけて言うというところが、いかにも大阪らしい。

一方で「です・ます」を使って相手を尊敬しながら、同時に「ネン」を使って、相手と自分の間の垣根をはずすのである。東京の「ノダ」とはちがって、大阪では「ノヤ」「ネン」が「自分の手の内を開いて相手に説明する」という言い方の、一種の終助詞のようなものに変質しているということであるが、より根本的には、相手を尊敬することと垣根をはずすこととが大阪人の感覚においては立派に共存できるということである。「です・ます」という丁寧語を使って相手を尊敬してしまったら、もはや必然的に相手との距離は大きくとることになってしまう、というのではいかにもぎこちない。相手との間の壁を取り去ったら自然に相手をぞんざいに扱うことになる、というのではあまりに単純、粗野である。あくまで相手を尊敬しつつ、同時に壁は取り去る、それが都会人の対人接触の身のこなしというものであろう。「でんねん」「まんねん」は、このような都会的洗練を象徴することばである。

ついでながら、「でんがな」「まんがな」という言い方も、これと同様の複眼的感覚を体現していることばである。

「それはあの人に会う前の話でんがな」

「ちゃあんと覚えてまんがな」

などというときの「でんがな」「まんがな」は、「です・ます」に「がな」という助詞がついたものである。「当然……である。そうではないか」と相手にむかって主張し、納得、了解を強要するような意味の終助詞「がな」と、相手を尊敬する「です・ます」とが、これまた立派に共存しているわけである。このように、相手に対する二つの異質な態度、姿勢を共存させ得るという大阪のことばの重層性、ないしある種の器用さは、大阪の人の、「それはそれ、これはこれ」という複眼的思考様式、ある意味での合理性の現れでもあろう。

もうひとつ、ついでに言うと、「でんねん」の古い形は「だんねん」で、大阪本来の丁寧語「だす」に「ねん」がついたものである。共通語の影響で「だす」が「です」に押されてくると、それと並行して「だんねん」よりも「でんねん」という言い方が優勢になった。しかし、「だす」が「です」に変わろうと、「おおきに」が「ありがとう」に変わろうと、ことばの表面の変化はたいした問題ではない。「だす」が「です」になっても「でんねん」「でんがな」というすばらしい複眼的表現方法をいつまでも維持しているということこそ、大阪のことばと文化のふところの深さを物語っているのである。

第四章

言うて、言うてや、言うてんか

相手と同じ角度でものを言う

こんな光景に出会ったことがある。

近鉄あべの橋駅の切符の自動販売機で、一人の女子学生が三百円を投入して二百何十円かのボタンを押したところ、目的地までの切符がちゃんと出てきた上に、釣り銭が三百数十円も出てきたのである。相手が人間なら「お釣り、多いですよ」とひとこと言えばすむところだが、なにしろ機械のことだから、どうしたらよいか、とまどってしまう。釣り銭と切符を手のひらに乗せたまま、彼女が首をかしげて立ちすくんだところ、すかさず隣りの券売機に並んでいた中年のおじさんが一歩近づいて、ひとこと、

「まあ、姉ちゃん、安う兵んなはれ」

見も知らぬ女子学生に「まあ、姉ちゃん」と声をかけるのも大阪特有の(というより天王寺近辺に特有の)気安さであるが、「安う乗んなはれ」ということばにも対人的な距離のとり方についての独特の感覚があふれている。

普段から電車賃は高い高いと思っているが文句の言いようがない。せっかく機械がまちごうてくれてんから、こんな時に一ぺんぐらい安う乗してもろてもバチ当たれへんやろ、わしやったらそう思うからこの姉ちゃんも内心そう思てるにちがいない、遠慮せんかてええがな、というわけである。自分の思うこととこの姉ちゃんの思うことと違うはずがないという感覚が、そこにはあるのであって、相手が二宮金次郎みたいな正直人間だったらどうしよう、言った自分が恥をかく、というような可能性はまるで考えていない。いや、その可能性を考えてはいても、むしろあえて「こんな時はだれでもそう思うで」と背中を押してやるのが親切というものだ、と思っているのである。

自分と相手とが同じ所に立って同じ角度からものを見ているというような感覚が、

大阪人のものの言い方全般の根底にはあるようだが、それはもちろん、大阪人の気持ちのあり方が、実態として、自分と他人との距離を近いものとして感じやすい傾向にあるということであると同時に、むしろ一つの価値意識として、人にものを言う時はその人と自分とができるだけ近い立場に立つような言い方が望ましいという感覚を持っているのであろう。

そのような大阪の対人的距離感覚を評して、「大阪は未だ共同体なのだ。十分に都市化していないから、だれでも距離をとらず家族のように気やすく話しかけるのだ」と言う人が時々いるが、無論、この見方は誤っている。「安う乗んなはれ」ということばの中に「なはる(ナサルの音変化)」という敬語表現が使われていることからもわかるように、それは自他未分化の共同体的無遠慮さやなれなれしさとはほど遠いものであって、知らない人にもあえて距離がないかのように親しく、にこやかに、相手の隣りに寄り添うようにものを言うことがスムーズな、洗練された話し方なのであるという、都会的な一種の美意識が根底にあるのである。

相手と百八十度まともに向きあって対立的にものを言うものではない、そのような不器用なものの頼み方は避けるべきであるという感覚が行きわたっている世界では、実際は対立的な関係にある場合でも、まるで自分と相手とが同じ立場に立っているかのようなものの言い方をすることが、言わば一つの〝芸〟として定着することになる。

「そない言わんと、まあ、堪忍したって」

というような頼み方がその〝芸〟であって、堪忍してもらうのは自分自身であるのに、まるで第三者のだれかを許してやってくれと口をきいているような言い方をするのである。頼む自分と頼まれる相手とが百八十度向き合ってしまうのを避けたいという感覚のなせる技であって、満員のバスの中でも「ちょっと降ろしたって」という言い方をされると、多少無理をしてでも通らせてあげようという気持ちになるものである。

これは船場のあるお店の御主人から聞いた話だが、店へはいって来たお客様に正面から「おいでやす。何しまひょ」と声をかけてはいけないという。買うのか買わないのかと迫っているような印象を与えるからである。ではどうするかというと、お客様の隣りへまわって、お客様と並んでいっしょに品物を見ながら話をするのだという。できるだけ相手と向き合わない、相手と同じ角度からものを言うという大阪のことばの感覚は、このような接客の作法とひとつのものである。

言うことは言って対立は避ける

そのような感覚からすれば、相手の非を責めたり、行動を強要したりする場合でも、どこかで相手の隣りにまわって肩を抱くというような一面を残していることが望ましい。

「何してんねんな。はよせんかいな」

というときの「せんかいな」がそれである。「はよせんかい」というのは、どうしてはやくしないのか、ぼやぼやするなと叱りつける言い方である。だから当然、言った人と言われた人とは対立的な関係になってしまう。相手を叱る以上、少々とげとげしくなるのは仕方がないと覚悟するのが普通の感覚かもしれない。ところが大阪人は、ここで「な」という助詞を一つ付ける。「はよせんかいな」と言うと、とげとげしさはすっかり消えてしまうから不思議である。

「せんかいな」の「な」は、「きょうは暑いなぁ」の「なぁ」と同一のルーツをもつことばであって、自分と相手との間の仕切りを取り払うことばである。「暑いなぁ」というのは、「暑い」ということをめぐって自分と相手とが同じ気持ちであることを確かめようとする姿勢をもった言い方であるが、「せんかいな」の「な」もこれと同じであって、一方では「せんかい」と決めつけておきながら、同時に、「それはあんたもわかるやろ」と、相手の肩を抱いてうなずきあうような助詞を付け加えているのである。言わばアクセルとブレーキをいっぺんに踏むような高等戦術を使っているのであって、「せんかいな」というような語法が近畿以外には少ないというのも無理はない。どんなにきびしいことでも、言うべきことはきちっと言い、それでいて相手との共感的な関係はあくまでも維持する。それが大阪人の社会感覚であり、それを支えるのが大阪のことばである。

対立によって気まずくなることを避けるために、言いたいこと、言うべきことも言わないで我慢するのが、伝統的な共同体社会で期待される行動様式であったとすれば、大阪のそれは全く正反対である。状況に応じて的確に、切れ味よく、大量にことばをくり出すこと、饒舌がけっして嫌われることなく、むしろ喜ばれ、洗練されたマナーとウィットをもって自己主張をすることが歓迎される社会、大阪はそのような近代的な都市社会を早くから実現していたのであり、大阪のことばの根底にある大阪の文化を考える今日的意義はここにあると言うべきであろう。

命令の仕方にもいろいろある

人に行動を要求するときの動詞の語形式に注目すると、大阪弁のそれには、東京弁よりも種類が多い。

「言う」ことの要求、命令の形式は、東京では基本的に「言え」(命令形命令法)と「言って」(連用形＋テによる命令法)の二つであるが、大阪では「言え」(命令形命令法)、「言い」(連用形命令法)、「言うて」(連用形＋テによる命令法、イイテがある種の音便現象によってユウテとなった)の三つである。「言い」という連用形命令法の分だけ、大阪の方が種類が多いことになる。これらの基本形式に終助詞が付加することがあるが、その場合の助詞も、東京では「よ」だけであるのに対し、大阪では「な」と「や」の二種類がある。

〔東京・命令基本形式(および助詞付加形)〕

言エ――言エヨ

言ッテ――言ッテヨ

〔大阪・命令基本形式(および助詞付加形)〕

言エ――言エヤ

言イ
- 言イイナー
- 言イヤー

言ウテ
- 言ウテエナー
- 言ウテヤー

これらの命令基本形式のほかに、「ないか」「んか(←ぬか)」による反語形式命令表現というのもあって、これも大阪の方が種類が多い。

〔東京・反語命令形式(および助詞付加形)〕

言ワナイカ――言ワナイカイー

〔大阪・反語命令形式(および助詞付加形)〕

言ワンカ
- 言ワンカイー
- 言ワンカイナー
- 言ワンカイヤー

言インカ ― 言インカイ ／ 言インカイナ ／ (言インカイヤ)

言ウテンカ ― 言ウテンカイナ ／ (言ウテンカイヤ)

「早く言わないか」という反語形式で結局「早く言う」ことを相手に要求するという表現であるが、注目すべきは、大阪で「言わんか」のほかに「言いんか」「言うてんか」という形があることである。言うまでもなく、「んか(←ぬか)」は助動詞「ず」の連体形「ぬ」＋助詞「か」であるから、「言う」の未然形「言わ」に付くものであって「言わんか」が正しく、「言いんか」「言うてんか」などというような形があろうはずはない。けれども大阪では「んか」が一種の助詞のようなものとして意識されて、どこにでも付くようになったのである。「んか」が、「そうだろう」というように相手の同意を求めるだけの要素として一旦意識されてしまうと、「言い」「言うて」のようなそれ自身が既に命令・要求表現形式であるものの下にも付くし、「これ、お前の下駄やんか」のように、命令表現でないものにも付くことになる。「〜してちょうだいんか」というものすごい表現まで、まかり通ってもいる。「んか」の出自からすれば無茶苦茶であるが、無茶でも何でも、そこはそれ融通無礙、便利なものはどこにでも使ってしまえということで、あっという間に市民権を得てしまったものである。

付加する終助詞について見ておくならば、命令基本形式に付加し得た助詞がそのまま反語命令形式にも付くことができ、東京では「い」(「い」と「よ」は同じルーツをもつ)、大阪では「い」の下に重ねてさらに「な」あるいは「や」が付くこともある。ただし、「言いんかいや―」「言うてんかいや―」という形式は、若い世代にはともかく、おとな世代には非常にくずれた言い方だと感じられて、抵抗が強い。「言わんかいや―」は自然な大阪弁であるが、「言わんかいな」と比べると、相手に対して少し居丈高な感じがする。

以上のほかに、大阪の命令表現には、「なはる(←なさる)」が付いた敬語命令形式がある。

〔大阪・命令基本形式敬語形（および助詞付加形）〕

言イナハレ――言イナハレヤ

「なはる」の付いた敬語形式では、連用形命令法（言イナハリ）や「テ」形による命令表現（言イナハッテ）はない。付加する終助詞も「や」のみで、「な」は使われない。もちろん、「なはる」敬語形にも、「んか」による反語命令形式がある。

〔大阪・反語命令形式敬語形（および助詞付加形）〕

言イナハランカ――言イナハランカイナ

付加する助詞は「い」＋「な」のみで、「や」の例はない。

〔東京・命令基本形式敬語形（および助詞付加形）〕

言イナサイ——言イナサイヨ|
〔東京・反語命令形式敬語形〕
（ナシ）

大阪の敬語命令形式が動詞の命令形式として最も基本的な命令形命令法(言イナハレ)であるのに対し、東京の敬語命令形式には命令形命令法(言イナサレ)がない。これは、東京の敬語命令形式は動詞「なさる」の活用形だという意識が既になく、「なさい」が単に余裕のある命令のための助詞のようなものとして意識されているということであろう。であればこそ、反語命令形式(言イナサラナイカ)もないのである。

要するに、東京では「〜なさる」という敬語動詞は動詞の意識をもったままで命令表現に使われることがないと言えるのであって、そこでは「なさい」も動詞「なさる」本来の相手への尊敬というより、むしろ話し手の命令態度の余裕を表現するような要素に変化しているということである。それは根本的には、尊敬表現と命令表現とが東京では共存しにくいということにほかならない。すなわち、相手を尊敬したら命令はしにくいし、相手に命令するのなら尊敬の気持ちは維持しにくいということであろう。しかし、大阪では尊敬と命令とが立派に共存できる。「はよ言いなはれ」「さっさと言いなはらんか」というような言い方が、親しい間がらでのしっとりしたあたたかい命令表現としてかつてあったのであって、それは現在でも見ず知らずの女子学生にむかって「安う乗んなはれ」と使えるようなものなのである。相手をあたたかく、やさしいまなざしで見やりながら、尊敬の気持ちをもったままである行動を要求するというような、重層的、複眼的な精神のあり方が大阪には生きているということである。相手を尊敬するデス・マスと相手との間の壁を取り払うネン（ノダ）とが東京では共存できないのに対し、大阪では「デンネン・マンネン」という形で立派に共存できるという事実を前章で紹介したが、尊敬の動詞と命令とが大阪では共存できるという右の事実は、このことと軌を一にする現象であると言える。

〔大阪・命令基本形式受給敬語形（および助詞付加形）〕

言ウトクナハレ——言ウトクナハレヤ—

〔大阪・反語命令形式受給敬語形（および助詞付加形）〕

言ウトクナハランカ――言ウトクナハランカイナ

大阪では、「なはる」のほかに「おくなはる」という補助動詞を用いた敬語命令表現がある。これは、「～シテオクレナサル」→「～シテオクナハル」→「～シトクナハル」と音変化したもので、「くれる」という受給表現と「お～なさる」という尊敬表現とが合体したものである。恩恵受給の気持ちと尊敬の気持ちとが重なった、このように複雑な行動要求表現が大阪にはあり、しかも、その反語命令形式まであるのである。これらに対応する言い方は、東京にはない。さらに詳しく見ると、「おくなはる」を用いた命令表現には、「シマヘンカ形」とも言うべき二次活用まである。

言ウトクナハラシマヘンカ――言ウトクナハラシマヘンカイナ
言ウトクナハラシマヘンヤロカ

「～テオクナハリハシマセンカ」→「～トクナハラシマヘンカ」となったもので(「ナハラシマヘンカ」は「ナハレシマヘンカ」と言うこともある)、要求相手の意向を下手《したて》からうかがうという表情がある。

以上述べたような様々な命令・要求形式に、「言うたれ」「言うたり」「言うたって」のような迂回的要求形式、その反語命令形式「言うたらんか」「言うたりんか」「言うたってんか」、そのまたそれぞれの助詞付加形などを数えると、大阪の命令表現形式の多様さは驚くばかりである。これほど多様な命令・要求表現の道具が生きて使われ、しかも使い分けられているというのは、大阪の言語生活ではそれほどこまやかに命令・要求の姿勢、もちかけ方を区別しているということにほかならない。相手と自分の関係や、場面、状況のあり方を精細、緻密に感じ分け、それに応じて要求の仕方を微妙に使い分ける、そのような対人的な感覚の鋭さと、対応のこまやかさ、敏捷さとが、道具としての命令表現形式の多様さを必要としているのである。

また、その多様さを実現する方法はと言えば、「んか」や「な」「や」などの助詞、「なはる」「おくなはる」などの補助動詞を何重にも塗り重ねるという方法によっている。裸の命令基本形式だけでは言い足りない気持ちを、次から次へと付け加え、塗り重ねることによって、表現を満足の行くものに作り上げるのである。そのような重層的な表現のあり方は、前章のデンネン・マンネンやデンガナ・マンガナでも見たとおり、大阪の言語表現の大きな特徴と言えるであろう。

（本章で紹介した大阪弁の命令表現形式の種類の最も基本的な部分は、前田勇氏の『大阪弁』朝日選書の中にも記述されている。参照していただきたい。）

第五章

理づめで動くが理くつ言いはきらい

かみます

「大阪では駅のホームに『のりば』と書いてあるんですねえ」と、東京の人が感心していたことがある。たしかに「のりば」と言えば「のりば」に違いないけれど、なにかそのものズバリ過ぎて恥ずかしい気がしませんか、とその人は言うのである。

言われてみると、東京の駅では「何番線乗車ホーム」とあって、「のりば」とは書いていない。公共の場所の表示なのだからあらたまったことばづかいが必要だということなのだろうが、そのような感覚は、大阪では薄い。乗る場所だから「のりば」でよいではないか。それが一番わかりやすい。それ以上に何を気どる必要があるかということである。公共職業安定所の看板も平仮名で「あんていしょ」となっているし、警察ですら「そねざきけいさつ」である。

そういう感覚は新しい街のネーミングにも表れていて、梅田の地下街だから「ウメチカ」、阿倍野の地下街だから「アベチカ」ということになる。ごもっともですというほかないが、正統的な東京人のセンスからすれば、この感覚は堪えがたいらしい。「そのまま」だからわかりやすく、覚えやすい、だから親しみやすいということでこのようなネーミングとなるわけで、別に手を抜いたのでもなく、わざと乱暴を気どっているわけでもないのだが、東京の人から見ると、「街の名前にまであんな下品な名前をつけて、一体、大阪の人間は何を考えているのか」ということになるようである。もっとも最近は、この粗暴さがタマラナイといって、ウルフルズのような大阪弁のロックバンドが東京の若い人の間でもウケたりしているから、時代はどう変わるかわからない。

「大阪はヤクザが多いと聞いてたけど、電車の中まで注意書きが貼ってあるんですねえ」と東京の人に言われて、びっくりしたことがある。「指づめ注意！」というのは「ヤーさんに注意せよ」という意味ではないと説明して、ようやく安心してもらったが、同じことを東京の電車では「戸袋に御注意ください」と書いてある。戸袋の何に注意せよというのか。指をつめるから「指づめ注意」というのが一番わかりやすいに決まっている。

どこの動物園でも、トラなどのオリの前には「危険ですから手や顔を近づけないでください」というような看板が出ているが、神戸の王子動物園のオリの前の立て札にはただひとこと「かみます」とあった。このぐらいわかりやすい立て札はない。

かまれたら痛い、血が出る。ひょっとしたら食いちぎられる。そらいかん、近づかんとこ、とだれでも思うのであって、「かみます」と言えば十分なのである。「この動物は季節により獰猛《ドウモウ》になることがありますので、手すりから身を乗り出して手や顔をオリに近づけますと……」というような長ったらしい注意書きが小さな字で三行も四行も書いてあったりすると(実際に東京のある動物園ではこう書いてあったのだが)、「獰猛」の字の小さな振りがなを読むために顔を近づけてガブッといかれないものでもない。「かみます」は立て札の名作である。

もっとも、これは王子動物園の係の人の発明、工夫ということでもなさそうである。六甲山牧場でも「かみます」を見かけたし、聞くところによると、大阪近辺のあちこちの動物園にこの立て札はあるらしい。「動物要注意」の表示として、大阪圏の人にとっては自然に出てくることばなのであろう。

そう言えば、一七七で聞く電話の天気予報も大阪と東京ではずいぶん違っていて、東京ではおもむろに気象事情の概況説明から始まる。

「気象庁予報部午前九時発表の東京地方の天気予報をお知らせします。日本付近をおおっている移動性高気圧の中心は東《ヒガシ》海上に離れました。現在東シナ海に前線が停滞しており……」

きょう雨が降るのか降らないのか、出がけにネクタイを締めながら聞いているイラチの身には、一種の拷問のようにさえ思えてくる。「今日は南西の風が次第に強く……」と、きょうの天気がわかるまでには約五十秒の辛抱を強いられることになる。

ところが大阪の一七七は早い。

「九時の気象ニュースをお知らせします。大阪府では今日は南西の風、曇で午後は一時雨が降るでしょう……」

と、約五秒できょうの天気がわかる。その点は「かみます」と同じである。

公共の伝達であるからできるだけ正確に、丁寧に、きっちりと説明しなければならないという姿勢が東京の一七七にはあるのだろうが、いま傘を持っていくかどうか迷っている者にむかって東シナ海の前線の説明をしても仕方がないではないか。このことをテレビで話したら、新聞や週刊誌にも紹介されて、関係者がそれを読んだのであろうか、最近、東京の一七七も先に今日の天気を言ってから後で概況説明をするように変わった。「やったらできるやないか、お前も」と受話器にむかってツッコミを入れたのは私だけではないと思う。

「のりば」にせよ「アベチカ」にせよ、わかりやすいのが一番で、もってまわって格好つけてものを言ったりするものではないという感覚がもともと大阪にはあふれていたのであるが、それが下品である、猥雑《わいざつ》であるというような異郷の人の非難を受けて、「そんなもんかいなあ」とひるんだむきもあったようである。

「ウメチカ」という地下街の名前は数年前に「ホワイティ」とかなんとかいうおよそ個性のないものに変わってしまったし、南海電車は「下品でお客様に失礼だ」とかいう理由で駅員や車掌に大阪弁禁止の通達を出したらしい。「指づめ注意！」の貼り紙もある時期、すべての大阪の私鉄から消えていたし、私の記憶によれば「かみます」の立て札も、一時消えていたように思う。それが、ここ数年の大阪弁ブーム、大阪的なるものの自信回復の勢いに乗って、「指づめ注意」も「かみます」も、以前とはやや形を変えたものの、復活したようである。

これは、単なる「おもしろ風俗」の問題ではない。もってまわって格好をつけてかしこそうにものを言うのは恥ずかしいことであるという独特の含羞、わかりやすいのが一番やという合理精神、そのような大阪人の文化の上質の部分がたくまずして表れたものであって、「指づめ注意」の貼り紙や「かみます」の立て札は、都市の文化遺産であり、今後何世紀にもわたって保存すべき歴史的景観である。ついでながら、関西新空港の搭乗ゲートを「のりば」にしてはいけないのであろうか。

まあ、あかんやろ

わかりきったことをさも自分の大発見であるかのようにごちゃごちゃとことばを飾って、もってまわって言う。結論だけ言えばみんなすぐに納得するようなことを、わざわざ東シナ海の低気圧から始めて、ガチガチに組み立てて言う。なんでそんなものの言い方をするのか、そこまでかしこぶって格好つけることはないやろと、大阪の人間からすれば思うような場合でも、むこうさんにはそんなつもりは全然ないということが多いようである。それは「アベチカだって。大阪の人はそれで恥ずかしくないの」とむこうから思われたりするのと、ちょうど逆むきに対応しているのであって、これは良い、悪いの問題ではない。感覚が違うとしか言いようのないことであって、それはひょっとしたら文化どころか遺伝子の差かも知れないと思えるほどである。

わかりきったことを理くつで一々詰めたりしないで、ぼんやりさせておいてよいところはそのままにして、というような時の便利なことばに、「まあ」というのがある。

「あんたの気持ちもわからんことはないけど、まあ、そない言わんと、ここはいっぺん落ちついて……いやいや、おさきさんもそないにわめかんと、まあ、まあ、ここはひとつ……あっちへ向いてまあまあ、こっちへ向いてまあまあ。まあまあの百ぺらぺんも申しまして、ようようこの場がおさまります」

というような上方落語の一節を聞いたような気がするが、「まあ」ということばはまことに便利なことばである。ことに、人にあやまったり、ものを頼んだりする時には、このことばはなくてはならない。

「何というてもこちらの手落ちで返品されましたのやさかい、もいっぺんお願いに上がってもまああかんやろ言うてたんですけど、このあとのこともありますよってに、今度のことはまあナニにしまして、まあこれにこりんとよろしゅうお願いしよと思いまして……これをまあおひとつ……いえいえ、これで堪忍してもらえるとは思てしまへん。これはまあほんのお詫びのしるしで……これがまあおタクさんやったからお叱りですんだんで、よそさんやったら、うちら今ごろ商売たたんでまあ一家心中してるとこやなあ言うて、ほんまに冷や汗流しながら、えらいありがたい思てますねん。まあひとつ何ぶんにも……」

というようなぐあいである。人にあやまるときに「まあ」という便利なことばがなかったら、まあ、どうなることであろうか。

　理くつを立てて、一々議論したら、それはいろいろ言うべきことも出てくる。それを詰めてみても仕方がない。この際はそういうややこしい話はやめにして、ざっとこういうことにしてはどうだろうか。そういうことにしてはもらえませんか、という姿勢のことばなのである。

　こうすればこれこれこういうわけでこうなる、だからこうしておいたほうがよいというように理づめに計算して、合理的に考えることと、理くつで詰めても仕方がないこと、理くつを持ち出す必要もないことにごちゃごちゃ理くつを言い立てることとは、全く別である。

大阪の人は理づめで動く傾向があるということは、よく指摘されるところである。ただ格好がよいから、その方が見映えがよいからそうする、みんながそうするから一体感を維持するためにそうする、ことの勢いで今さら止まらないからやってしまう、というような傾向は、どちらかと言えば大阪では低い。自分で考えて、そうする方がよいからそうする、そうする方がおもしろいからそうする、そうする方が得だからそうする、そのために人とちがうことになってもかまわない、いやむしろ人とちがうことをするからおもしろい、というような傾向がどちらかと言えば高い。こういう傾向は、大阪が東京に比べて名より実を取るのだとか、実利的、打算的でどん欲なのだというように受けとられることもあったが、実はそうではなくて、東京を含む日本人の大部分が情緒、雰囲気、あるいは勢いで動く傾向を持っているのに対し、大阪の人はどちらかと言えば合理性で動くということにほかならない。

東京の落語「長屋の花見」では、大家《おおや》の発案により、わけもなく、ただ勢いで、長屋中が花見に行こう行こうということになるのだが、上方落語の同じ噺《はなし》「貧乏花見」では、朝のうち降っていた雨が昼ごろ急にやんで、休んでいた職人たち長屋の住人が今さら仕事に出るわけにも行かず、せっかくだからと住人たちの相談で花見に出かけることになる。桂米朝氏が指摘するとおり、東西の落語の演出にこれだけ差が出るのは、花見に出かける理由ひとつにもこれだけの合理性がないと大阪では落語を聞く客が心から納得しないということである。江戸、東京のリリシズムに対する大阪の合理性指向と言えようか。

それは、歌舞伎の好みにおいても、江戸、東京の荒事に対する大阪の世話物として表れる。十九世紀の初頭、享和年間に成立した『作者式法戯財録《けざいろく》』という書物によれば、京、江戸、大坂の三都は、狂言の好みに明らかな差があって、大坂の芝居は「理くつが好きな人情に合わせて理づめに筋ができている」傾向が強いとのことである。二百年前から既にその傾向は顕著だったわけである。

そのように合理性によって気持ちが動く傾向が強いからこそ、理づめで考えるべきところと理くつを言っても仕方がないところとを直感的に区別する能力がとぎすまされたのであろう。理くつで詰めても仕方がないことは、「まあ」のひとことで片付けるわけである。

だいたい、個人レベルでも、どっちでもよいことにごちゃごちゃと理くつを言いたがる人というのは、論理や合理性で気持ちが動く人ではない。むしろ、理くつを言うことによって感情、気持ちを発散しているのであって、情緒の勝った人に多い。大阪の人は、と言っても傾向の問題であるが、合理性、理づめで気持ちが動くゆえに、無意味なことに理くつを言いたてることを嫌う傾向が強いのであろう。悲しい話よりもおかしい話、笑いが大好きということと、合理性指向ということと、理くつ言いが嫌いということとは、一つにつながっている。

「あいつ肝心なとこ抜けてるから、何べんやってみてもまああかんで」

「今ごろ出かけてもまあ間に合わんやろ」

「切符もろたから行ってみたけど、今度の芝居、まあおもしろないわ」

というような場合の「まあ」は、近畿以外の人には案外理解されにくいようである。「はっきり言えないけれど、たぶん(だめだろう)」「どちらかと言うと(おもしろくなかった)」という意味に受けとる人が結構多いらしい。

もちろん、大阪弁としての意味はそうではない。「絶対に、まちがいなく(あかん)」「とうてい(間に合わない)」「ちっとも(おもしろくない)」というような気持ちである。「まあ」ということばが、どうしてそういう意味になるのだろうか。「まあおもしろい」と言えば、「丁寧に検討すればいろいろ問題もあろうが、大まかに言うならおもしろいと言ってよい」というような意味である。けれども「あかん」「間に合わん」「おもしろない」というような否定的な意味のことばと一緒に使われた場合には、「ひとつひとつ検討することを棚に上げて」という意味が「ひとつひとつ検討してみるまでもなく……に決まっている」という方向に働いて、結果としては一括して切って捨てるような響きを生じ、「とうてい(あかん)」という意味になってしまうのである。

「まあ」という一つのことばが、「ややこしい話はおいといて」というところから、ある場合には主張や提案、要望の不完全さを自ら認める方向にも働き、またある場合には、逆に話し手の決めつけの強さを表現することにもなるのであって、このあたりの呼吸は大阪人なら、まあ、だれでも感覚的につかんでいるところであろう。

第六章
よう言わんわ

「よう食べん」と「食べられへん」

「君、結婚したんやてなあ。おめでとう」

「いや、ありがとう」

「ところで、君、ポケットに大きなふろしき入れて、何のつもりや」

「今日、あんたに会うから、結婚祝いの置き時計かなんかくれるやろ思て、それをこのふろしきで包んで帰るねん」

「よう言わんわ」


この「よう言わんわ」ということばは共通語になおしにくい。強いて直訳すれば、「あきれて、私は何も言えないよ」というような意味であるが、大阪弁の「よう言わんわ」には、事態のあほらしさを相手と一緒になって笑う、仕様がないから頭をかいてにが笑いする、といったような響きがある。

ツッコミのことばとしての「よう言わんわ」にそのようなニュアンスが出る理由については、あとで考えることにして、まずは、「よう〜せん」という言い方について考えよう。

「よう行かん」「よう食べん」というような「よう〜せん」という言い方は、「その人に能力がなくて〜できない」という意味である。「体力がなくて行けない」とか、「勇気がなくて行けない」という場合に「よう行かん」と言うのであって、こういうのは文法的に〝能力不可能〟と名付けられる。これに対して「行かれへん」というのは、「状況のあり方からして行くことができない」という意味であって、〝状況不可能〟と名付けられる。

従って、同じ不可能でも、「そんなとこ、よう行かんわ」と言うと、「自分の体力、気力が足りなくて行けない」というようなことになり、控え目な表現になるが、「そんなとこ、行かれへんわ」と言うと、「そんな遠いとこへ呼びつけるなや。行けるかいな。(無茶言うな)」というような気持ちが、場合によっては出てしまうこともある。

「この納豆、君にやるわ」

「いらんて、そんなもん」

「遠慮せんかてええがな。おいしいで」

「いやや。それだけはいやや」

「あれ？　君、納豆よう食べんか」

「あんな糸ひくもん、食べられるかいな」


納豆を必死に拒む相手に「よう食べんか」ときくのはその人の能力を問題にしているのだが、「食べられるかいな」と答える方は、「あんな糸をひく、気色の悪いものは、人間の食べるものではない。納豆というもののあり方からして、食べることはできない」と、状況不可能の主張をしているのである。「よう～食べる(食べん)」と「食べられる(られへん)」の間には、これだけの違いがある。

このように、能力可能(不可能)「よう～する(せん)」と状況可能(不可能)「～られる(られへん)」とは大阪弁では別の言い方になるが、共通語ではこの言い分けはない。共に「～られる(られない)」という一つの言い方になる。この点ではたしかに大阪弁の方が共通語よりも表現力が豊かである。なお、これとは別に「行ける」という可能の言い方が大阪弁にも共通語にもあって、可能動詞と呼ばれるが、これは能力可能にも状況可能にも使われる。「君、ひとりで行けるか」というのは能力可能であり、「あんな危ないとこ、行けるかいな」というのは状況可能である。

	(大阪弁)	(共通語)
能力可能	「よう行く」 「行ける」	「行ける」 「行かれる」
状況可能	「行ける」 「行かれる」	

「よう～せん」という言い方は、自分のことを言う場合は、自分の能力に問題があって「～できない」ということだから、原則的には控え目な表現となるはずであるが、

これを逆手に取って「私はテコでも従えません」という強硬な拒否を表現する高等戦術もあるから、注意が必要である。「あの人を今度の会に呼びはるのやったら、私はようお手伝いしまへんわ」と言われると、会の運営責任者は青くなる。「ほかの人はどうあれ、私には手伝えない。私の方の事情でそうなんだから、だれがなんと言っても気持ちは変わりませんよ」という拒否宣言となるからである。「自分の方の能力、事情でできない」ということは、ひとつひっくり返ると、他人の介入を許さない絶対的な不可能の宣言にもなるのである。大阪弁には、このような微妙な裏返り、手前に引く形で実は強い主張をするということが結構多い。前章で紹介した「まあ、あかんやろ」という言い方が絶対的な否定になるのも、この意味では、同様である。

「よう行かん」と「よう行かへん」

「よう行く」の否定形には、「よう行かん」「よう行かへん」「よう行けへん」の三つがある。なぜ三つもあるかというのは、ちょっと複雑である。

「行かん」というのはいわゆる打ち消しの助動詞「ぬ」がついて「イカヌ」→「イカン」となったもので、わかりやすいが、「行かへん」というのは「行きはせん」が「イキャセン」→「イキャヘン」→「イカヘン」となったもので、「～しはせぬ」という迂回した否定表現を内に含んだ形なのである。「行けへん」も、これと同じく「行きはせん」から出たものであるが、「イキャセン」の iki(y)a が ike に変わって、「イケヘン」となったものである。ia の音が e の音に変わるのはわりあい自然なことで、「しやせん」→「せえへん」などと同様の変化である。

このように、「行かへん」と「行けへん」とは同じ構造をもち、それゆえ「よう行かへん」と「よう行けへん」との間に意味の差はないが、「行かへん」「行けへん」グループと「行かん」との間には、もともと「～しはせぬ」という迂回的な表現法を内に含んでいるかいないかの差があるのであって、結果的な意味の上でも、同じ否定形とは言いながら幾分かの差を残している可能性は否定できない。「わしは絶対に行かんぞ」と言うのと「わしは絶対に行かへんぞ」と言うのとではほとんど差は感じられないが、「よう行かん」と「よう行かへん(よう行けへん)」との間にはいくらかの差はあるようであって、それが主語の人称による使い分けとなって表れてもいる。

正統的な大阪弁では、「よう行かん」は、「わし、よう行かんわ」「君、よう行かんやろ」「あいつ、よう行かんで」というように、主語の人称の区別なく、どこにでも使えるが、「よう行かへん」の方は、「わし、よう行かへんわ」とは言えない。つまり、「よう行かへん」は主語が二、三人称の場合にのみ使えて、一人称の場合には使えないのである。「よう行きはせぬ」というような他人ごと風の描写は自分のことを説明するには不適当だからであろう。もっとも、主語の人称によるこの区別は、最近の大阪の若い人の間ではほとんどくずれていて、「ぼく、よう行かへんわ」というような言い方を平気でしている。この世代的な変化は、私の観察では、昭和二十年代後半生まれから三十年代前半生まれまでの間の世代で、比較的短期間に生じたもののようである。

なお、念のために付け加えると、同じ「行けへん」という語形でも「行きはせん」からの音変化で生じたもの(意味は共通語の「行かない」とほぼ同じ)のほかに、可能動詞「行ける」の否定形「行けない」の「ない」の部分だけを大阪弁風に「へん」に置き換えた「行けへん」というもの(意味は「行くことができない」)もあるから、よその人は注意を要する。「よう行けへん」の「行けへん」は前者で、「あいつ足が遅いから、なんぼがんばっても八時までには行けへんで」の「行けへん」は後者である。

ついでのついでに言うと、「めえへん」という語形にも二つあって、「見えない」という意味の「ミエヘン」が「メーヘン」と発音されるもののほかに、「ミヤセン」↓「メーヘン」という変化で生じた「見ない」という意味の「めえへん」がある。後者、「見ない」という意味の「めえへん」は戦後生まれのわれわれの世代はほとんど使わなくなったが、由緒正しい言い方であり、今でも年配の人が使っているのを聞くことがある。アクセントは、「見えない」の意味の方は「メエヘン」であるのに対し、「見ない」の方は「メエヘン」である。

状況不可能の方の語形も、「行かれへん」のほかに「行かれん」というのがあるが、両者の間にもともと意味、用法の差はなく、否定の言い方が「ん」より「へん」が優勢になってきた一般の変化に沿って、「行かれん」よりも「行かれへん」の方が多く使われるようである。

わてほんまによう言わんわ

二十年ほど前に、阪神間の国鉄のある駅の出札窓口で実際に目撃した光景であるが、

「福知山線の××から福島まで、二枚。あさって乗りますねん」

「今日しかあきまへんで」

「ほんでも、距離によって、三日間有効とか、四日間有効とか……」

「いや、今日売ったのは今日しか乗れまへんで。大阪の福島でっしゃろ」

「いいえ、福島県の福島」

「なんや、福島県の福島でっか。えらいちがいや、はっはっはっ……」

駅員がよく確かめもせず、自分で勝手にまちがえておいて、「えらいちがいや、はっはっは」というのは、考えようによってはずいぶん失礼な話で、よその土地でなら客が怒り出しかねないところだが、大阪ではこれが笑って済むのである。

まちがいに気づいたとき、本当ならまず早合点をわびた上で、「福島県まで行くお客さんはこのあたりでは少ないものですから」とかなんとか言い訳をし、相手の気持ちがなごんだところでようやく「それにしても大笑いだ」と持っていくのであろうが、この駅員は、それが福島県の福島だとわかったとたん、フイと第三者の位置に視点を転換して、客と一緒にこの事態のおかしさを笑うのである。一般に、自分の失敗を笑う場合は、自分がミスをした当事者であることをわきへ置いて、相手と共に第三者の位置に飛び上がってこの事態全体を見わたしたときにはじめて笑いが生まれるのであるが、この駅員の立場の転換はそれにしても速い。自分のまちがいに気がついた瞬間に、もう第三者の位置に立っているのである。

自分のまちがいをツッコむ場合だけではない。実は、相手の非をツッコむときにも、大阪人はすばやくそういう〝当事者離れ〟を為しとげていると言ってよいであろう。

結婚祝いに置き時計でももらおうと勝手に計画して大きなふろしきを持ってきた相手のあつかましさ、むしのよさをつくときに、その状況内にいる当事者として、つまり結婚祝いを期待された本人として、相手のあつかましさを非難するのではない。まだだれも何とも言っていないのに、今日あたり置き時計をもらうにちがいないと勝手に決めてふろしきまで用意したそのあほらしさを、第三者の位置に立って笑おうとするのである。「よう言わんわ」というセリフには、そのような〝当事者離れ〟、状況の外に立つ第三者として事態のおかしさを味わおうとする姿勢が濃厚にあり、そこでは非難されるべき当の相手も状況外の第三者の位置に引き上げられるのであって、それでこそ、ツッコまれた側も一緒に笑っていられるのである。

「よう言わんわ」ということばによって自分の能力不足に引きとって、「何も言えない」とギブアップしてみせることは、そのような〝当事者離れ〟を実現する方法として、まことに卓抜である。相手のあつかましさ、むしのよさを直接につくのではなく、そのような天真爛漫な相手の期待表明に何とも返事できないでおたおたしている自分自身を戯画化することによって、自分と相手とが一緒に第三者の位置に飛躍しようとするのである。

「あつかましいやっちゃなあ」「おいおい、ええ加減にせえよ」「そんなあほな」というようなセリフより、「よう言わんわ」の方が、この場合は何倍か有効に〝当事者離れ〟を実現していると言えるであろう。

もちろん、「よう言わんわ」のツッコミのセリフとしての有効性は、なにも相手の常識はずれの言動に「ものが言えなく」なる場合だけではない。自分自身のまぬけな行為、ありさまに、自分であきれて「ものが言えない」という場合にも当然使えるのであって、むしろ、自分の馬鹿さをながめて自分自身で口をあんぐり開けて「なんにもものをよう言わん」と立ちつくす絵づらを構想する方が、事態のおかしさを笑うための〝当事者離れ〟としては一段と高度である。

何が何んだかさっぱりわからず
どれがどれやらさっぱりわからず
何も聞かずに飛んでは来たけど

何を買うやらどこで買うやら
それがごっちゃになりまして
わてほんまにようい わんわ〱

（村雨まさを作詞「買物ブギ」）

当事者としてどうしようもない状況に立ちいたったら、「よう言わんわ」のひと言で状況の外にまわってそれを笑うしかない。笑ってこそ次の行動に立ち向かう元気が出るというものである。

第七章
ぼちぼち行こか

「ぼちぼち行こか」のマジック

十年ほど前のことである。夏の甲子園で、天理高校が逆転につぐ逆転で決勝戦まで進出し、とうとう優勝してしまったことがあった。試合中盤までリードされていてもまったくあせる様子もなく、終盤になって監督が「ぼちぼち行こか」と選手に声をかけると、毎試合、決まって不思議に点が取れたということが、監督の選手心理掌握の一種のマジックとして一時話題になった。これを、東京のテレビの解説者は「ゆっくり行こうよ」の意味だとして、はやる選手の気持ちをなだめてリラックスさせたところに勝因があるのだと説明していたが、大阪人ならおわかりのとおり、これは大ちがいである。「ぼちぼち行こか」というのは、あえて翻訳すれば、「ゆっくり行こうよ」ではなくて、「そろそろ始めようか」に近い。今までは黙ってやらせておいたが、もういいだろう、このへんでそろそろ本気を出そうかという意味であり、余裕を持った者がようやく腰を上げるという風情である。

これは、それまで攻められ、いじめられ、一方的に守勢に立たされていた者が、隠忍のあげくついにまなじりを決して立ち上がったときに、あえて武者振るいを抑えて自らを落ちつかせようとして口にする、というセリフではない。むしろ、あの吉本新喜劇で、池乃めだかがチンピラにボコボコになぐられ、蹴られたあと、ようやく起き上がって「よっしゃ、これぐらいにしといたるわ」と言うギャグを思わせるような、言われた者もニヤッとせざるを得ないような雰囲気のセリフである。

監督の方でも、「ぼちぼち行こか」ということばを、ただ文字どおりの「そろそろこのへんで始めようか」という意味でストレートに使ったのではないであろう。べつに、リードさせてやろうと思ってリードされているのではない、今まで本気を隠しておこうと思って点を取らなかったわけではない、本気でやってきたけど負けているのだ、そんなことは言うまでもない。しかしそれをまともに認めて、「ここらで頑張らなければ」などと言ってみてもしようがないではないか。ここはひとつ池乃めだか風に、「今まではやらしといたったわい」と余裕のある顔をしてみようではないか、というギャグ半分の戦闘開始宣言なのであり、元気づけなのである。言われた選手の方でも、体を堅くしないで笑顔で「ハイ」と答えたことであろう。

これで負けたらもうおしまいという甲子園の大事な試合の、しかも七回の裏になって、監督がそんなギャグまがいの戦闘開始宣言をするというようなことが感覚的に思い浮かびにくかったために、東京のテレビ解説者は「ぼちぼち行こか」を誤解してしまったのであろうが、大阪では、ちょっと引いた形で実はものすごい自信やあつかましい希望をヌケヌケと語る、またそういう言い方をする自分を楽しむということが、結構ある。そのような行動様式がなじみ薄い土地では、こういうもの言いは理解されにくいのである。「さあ、いよいよ終盤だ。頑張ってはね返そう」と言うかわりに「今まではやらしておいてやったんだ。ここらでそろそろ本気を出そうか」などと言うと、異郷では単なる負け惜しみか強がり、でなければ照れ隠しだと受け取られる危険が相当に大きい。まともに、正味、額面どおりそう思っているというわけでもなく、かと言って照れ隠しや皮肉で反対のことばを選んでいるというわけでもなく、本当の気持ちをそういう言い方に持ちこんでいる自分を楽しむ、そんな場面でそういうふうに気持ちが動く人格を演じることそのものを楽しむという身のこなしが感覚的に共有されている大阪においてこそ、「ぼちぼち行こか」は正当に、あたたかく、受けとめられるのである。

「ぼちぼち行こか」て、だれが行くの？

「よっしゃ、今日はこれぐらいにしといたるわ」の池乃めだかでもよい、「かいいの」「アヘアヘ」の間寛平でもよい、大阪の子どもはそのような特別な魅力を持つタレントのまねをすることで成長してきた。もう少し上の世代なら「アーリガトサーン」のアホの坂田であり、われわれの小学校時代は(テケテン、テケテン、テケテン)「なにさすねんな」、エテコの秋田Bスケであった。子どもに圧倒的な人気があるのは決まってボケ役のタレントであるが、友だちを笑わせたくてそのセリフのまねをくり返す間に、子どもたちはそのような場面でそのようなボケをかます身のこなし、ボケ役の気持ちの動き方そのものを体得して行く。「アーリガトサーン」がぴたっと決まれば友だちはヤンヤと喝采するし、だれかがエテコのBスケの振りまね、口まねをしたがっていると見てとれば、まわりがすかさず「テケテン、テケテン、テケテン」と猿まわしの太鼓のはやしを入れて、Aスケの役回りを務めてやる。まさに共同作業である。

そのような共同作業の経験を通して身につけるものは、「この場面は寛平で行けるぞ」「今は太平シローの酔っぱらいがはまるぞ」というように、その瞬間、その場面にだれのキャラクターがはまるかをすばやく見てとる感覚と、そのキャラクターになりきる思いきりのよさである。「おもしろいことを言ってやろう」などと思っているようではまわりは笑ってくれない。その場面、その瞬間に、そこにぴったりはまるおもしろいキャラクターになりきるのである。大阪の子どもがおもしろいのは、大阪弁がことばとしておもしろいからではない。おもしろいセリフを考えつく創作能力にたけているということでもないかも知れない。むしろ、「こんなとこでこんなことを言う(する)やつがおったらおもろいなあ」と、おもしろいキャラクターを場面ごとに構想する能力に長じているからであろう。そのときイメージするキャラクターの原型をボケ役タレントから得ていることは、言うまでもない。

お笑いタレントのまねという共同作業を通じて大阪の子どもたちが身につけるもののもう一つは、相手が今どういうキャラクターを演じようとしているのかをすばやく察知する能力である。その意図に応じてこちらの受け方、ツッコみ方もかわってくるというものである。そして何よりも、相手が今ふつうにものを言ってるのか、ちょっとあそびにかかっているのか、それとも大きくボケるための準備にはいっているのかというような相手の会話の姿勢を感じ分ける能力が身につくのである。つまり、大阪の子どもは学校の休み時間と給食の時間のすべてを漫才師になるための基礎訓練に使っているようなものであって(無論、そうでない子もいる。念のため)、相手の会話の姿勢にとりあえず乗る、乗った上でその波を増幅するための出番をうかがう、それができなければ、友だちとの会話について行けないということになる。

会話はことばのキャッチボールであるという比喩《ひゆ》がある。相手のことばをしっかり受けとめて、それを今度はむこうへ投げ返す、それを交互にくり返すのが会話である、というような話が国語の教科書にあったが、これはいかにも東京風の会話であると、中学生のときに思った記憶がある。相手が演じようとしているキャラクター、もって行こうとしている会話の方向をすばやく察知して、先まわりしておいでおいでをしてやる、それが大阪の会話というものである。大阪人のこのような共同作業の積極性、あるいはお調子者ぶりを実験で証明してみせようとしたテレビ番組があった。JR大阪駅の御堂筋《みどうすじ》口(旧東出口)前の横断歩道で、赤信号の間に、道路のこちら側にいる信号待ちの人が急にピッチャーの投球モーションの身振りを始めたら、道路のむこう側で同じく信号待ちをしている人はどう反応するかという実験である。こちら側の背広の男が頭上に振りかぶったら、むこう側の背広の男がまるで催眠術にでもかかったかのように、自然に座りこんでキャッチャーの構えをとったのであった。やらせでないことはその後の映像から十分に確認できる。大阪人の共同作業のセンスというのは、これほどのものである。

甲子園の大試合の、せっぱつまった七回裏に監督が「ぼちぼち行こか」とつぶやいたら、やや池乃めだか風のおとぼけをそこにすばやく感じとって、選手の方でもニヤッと笑って(笑ったかどうかは見ていないからわからない。これも念のため)「ハイ」と答える。そのような敏捷さと、余裕と、集団の一体感とが、天理高校を優勝に導いたのであろう。

会話において話し手と聞き手とが同じ側にいるという、共同作業の感覚とでも呼ぶべきこの感覚は、大阪において特に顕著なもののようである。そのことが、実は「～しようか」という語法の上にも微妙に表れていて、このことばの使い方、ないし意味というものが、大阪と東京とで全く同じではないという可能性があるのである。

一般に、「行こうか」ということばは、①自分と相手とがいっしょに行くことを相手に誘いかける場合と、②実は相手にだけ行くことを促して、自分は行かない場合(典型的には、幼稚園の先生が園児の太郎ちゃんに「さあ、お母さんの所へ行きましょうか」などという例)とがあるが、このほかに、③自分だけが行くことをひとりごと風に言う場合(相手に対して誘いかけてはいない)という用法があるかどうかという点が微妙なのである。大阪では、「さあ、行こ」とひとりごと風に言って腰を上げるということがあり、また同様に、「しゃあない。さあ、行こか」と、ひとりごと風に言うことが十分にあるのだが、東京では「さあ、行こうか」というのは、自分だけが行く場合には使わない、そばにいる人に誘いかけるのでなければ使わないという人が、少なからずいるのである。このあたりはまことに微妙であって、東京の人の中にも「さあ、行こうか」「さあ、寝ようか」を大阪の「さあ、行こか」「さあ、寝よか」と同じように③「自分だけが行く、自分だけが寝る」場合に使えるという人もあり、あるいは世代によって差があるかも知れず、大規模な調査をしていない以上確かなことは言えないが、少なくとも「行こうか」を③の場合には使わないという人が東京生まれ東京育ちの人の中に相当数(半数以上か)いるということは事実である。

とすると、監督の「ぼちぼち行こか」を「そろそろ始めようか」の意味に正しく理解したとしても、その上でこの監督のことばにどういう姿勢を聞きとるかについては、大阪弁使用者とそれ以外の人とで違いが出る可能性を否定できない。

「ぼちぼち行こか」が、①監督と選手とがいっしょに「行く」ことを監督が選手にむかってまともに誘いかけていると受けとるか、③監督自身が「行く」ことを、自分の行動開始にはずみをつけるような気持ちで言っている(その意味では「ぼちぼち行くか」というのと大きな差はない)のだと受けとって、それをそばで聞いた選手たちが監督の気持ちに一体化していくのか、この二つの受けとり方は、選手が何をするかという結果において大きな違いはないものの、ことばにこめられた気持ちの伝達のあり方という面では相当に大きく異なる。先に紹介したタイプの東京の人なら、必ず①のように受けとることになるが、大阪弁の話し手なら、①、③のいずれの受けとり方をする可能性もある。天理高校のベンチの中ではどちらの意味で受けとられたか、それはわからないが、私の好みとしては③の気持ちであってほしいような気がする。

自分と相手との区別をはっきりと立て、自分自身で気持ちを語ることばと相手にむかって働きかけることばとが画然と区別されているというのではなく、自分自身の気持ちを語ることが場合によっては相手を巻きこんでいくことにもなる、その二つを話し手自身があらかじめ区別してはいない、そういう部分を大事に残しているのが大阪のことばである。そういう大阪の言語表現のあり方は、人との間に壁を作らない大阪人の気持ちのあり方の傾向を反映するものであるが、そのような感覚、発想の様式自体が小学校の休み時間に始まる大阪弁の会話訓練によって形成されるという面もある。

大阪人が二人寄ったら漫才になるというのは、このような性格の文化的訓練をすべての大阪人が身につけているということにほかならない。

それだけは聞かんといてくれ〜

大阪人の会話がおもしろい(おもしろくない人もいます、それは)のは、おもしろいことを考えつくというより、おもしろいキャラクターを巧みにイメージして思いきりよくなりきるからであろう。東京落語の与太郎はカラ馬鹿であるが、上方落語にはカラ馬鹿はいない。喜六や清八は、多少ずれているとは言え、愛すべき生活人である。東京の漫才のボケ役はおおむね与太郎的なマヌケであり、その言動の逸脱ぶりが笑いを誘うのであるが、大阪の漫才のボケ役は、エンタツ、ダイマル、夢路いとし、太平シロー、大木こだまと並べて見てもわかるとおり、与太郎的なカラ馬鹿ではない。いっぱし理屈も言うし、ある面ではとてもしっかりした常識を備えている。それでいて、キャラクターがおもしろいのである。大阪の客は与太郎風のマヌケぶりや行為の脱線を笑うのではなく、そこに現れる愛すべきキャラクターを喜ぶのである。であればこそ、どちらがボケ、ツッコミと決まらない、やすし・きよしのような漫才が、特異なキャラクターの衝突として上質の漫才を形成することにもなる。大阪人の笑い志向はキャラクター志向なのである。

大阪の人の求めるものがおもしろいこと、、であるよりもおもしろい人、、である以上、お笑いのタレントは徹頭徹尾そのキャラクターになりきらねばならない。東京の漫才やコントの誰かれのように、笑いをとるネタの直後に「おれって馬鹿だなあ」風のツッコミを自分で入れて見せられたら、鼻白むとしか言いようがない。愛すべき人間像、かわいらしいアホに、最後までなりきっていてもらわなければこまるのである。

「えー、やらしていただきまして…(ポン)」の砂川捨丸にしても、「ハハア、サイナラ」の平和ラッパにしても、徹頭徹尾そのキャラクターを演じきり、けっして観客の側にまわることはない。彼らは、あんな人がいたらいいなあという憧れなのである。実際にはいるものではないということまで含めて、憧れなのである。

与太郎的なカラ馬鹿と愛すべきキャラクターとを分けるものは何か。それは、ひとえに「かわいらしさ」である。歌舞伎の二代目鴈治郎は何をやっても独特の雰囲気があった。ひとことで言えばかわいらしさである。森繁久彌扮する映画「夫婦善哉」の柳吉は、たよりないところがかわいいというそういう魅力のあり方が男にもあり得るのかという新鮮な驚きを、昭和三十年代の東京の観客に与えたということである。それらは元禄以来の上方和事の伝統であろう。たよりないところがかわいらしい。そのたよりない男がむきになる、意地を張る、そこがまたかわいい。で、挙句に失敗する、それがまたかわいいというような具合である。

富士通のパソコンのコマーシャルにタッチおじさんというのが出てくる。

「こら、そこのおっさん、酒ばっかり飲んでんと、たまにはパソコンのひとつもさわってみい……言われましててん、わし」

「『パソコンつこて何ができる』て……それだけは聞かんといてくれ〜」

かわいらしいアホの伝統そのものである。このタッチおじさんの声に漫才の坂田利夫を起用したのはまことにうってつけ、これしかないという配役である。

くり返すが、大阪の人はそのようなアホを軽蔑しているのでは決してない。おもしろいことというよりおもしろい人に魅力を感じる大阪人にとって、そのようなキャラクターは憧れなのである。漫才の平和ラッパや富士通のタッチおじさんのようなキャラクターで、しかも時にはキリッとしてわれわれのために力いっぱい働いてくれるような人がいたら、どれだけいいだろう。これは、ないものねだりかも知れないが、大阪の人にとっての理想的な隣人像である。横山ノック氏が大阪の知事に当選したのは、単にテレビの影響力、タレントの知名度などというなまやさしいものではない。大阪人のキャラクター志向、憧れの隣人像の期待にぴたっとはまったのである。政策とか主張でなく、明るくてかわいらしい人間像そのものへの支持であっただけに、暗い事件によって支持が急速にしぼむのはやむを得ぬなりゆきであった。

第八章 待ってられへんがな

いらち

大阪の人が歩く速度は、日本一速いそうである。ある学者の調査では、日本中の都道府県の中で一番ゆっくり歩くのは沖縄県で、大阪人の歩行速度は東京よりも速く、日本で一番せっかちで、世界中の大都市の中でも最も速いらしい。せかせかしていて、じっと待っていられないタイプの人を大阪弁で「いらち」と言うが、大阪人のいらちぶりを示す事実はいくつもある。

横断歩道の信号で、青に変わるまであと何秒という表示が出るようなものが設置されたのは、大阪が一番早かった。「あと何秒です。もうちょっとだから待っててください」と言わないと、歩行者が待ちきれなくて、赤信号を無視して強引に渡り始めてしまうというのが理由であった。待つことそのものができないというより、いつ青になるのかわからないのにじっと待っているということが心理的にしんどいのである。

いつまで待ったらよいのかわからないままで待たされるということの代表的なものは路線バスの停留所であるが、大阪の市バスでは一九八〇年から「バスロケーションシステム」と称して、次のバスはどこまで来ていますということを停留所に表示するような装置を付け始めた。接近するバスの位置を五つ手前(機種によっては八つ手前)の停留所に来た時から表示し、一つ手前の停留所に来た時にはチャイムと音声による案内放送までしてくれるという親切さである。同じ行き先のバスが二台続いてダンゴになって来ないような運行管理システムまで含めて、大阪市は、このシステムの整備に合計二十数億円、毎年の運用にも三億円近い費用をかけているというから、いつ来るかわからない都バスを待っていらいらしているわれわれ東京都民から見ると、うらやましいことである。

それだけではない。大阪の地下鉄では、硬貨を一枚一枚入れなくても、ジャラッと流しこんだら機械の方で何円分かを勘定してくれる「硬貨一括投入券売機」というのを一九八八年から設置し始めた。私の経験では、一度に十枚ぐらい流しこんでも大丈夫だから、細い穴に一枚ずつ差し入れて、一枚ずつストンという音を確かめるような普通の券売機に比べると、はるかに気持ちがよい。何より、もたもたしている人の後ろに並んでいらいらすることがなくてすむ。東京でも最近ではごく一部の私鉄にこの種の券売機が現れたが、まだまだ少ない。

もちろん、大阪以外の都市でもこれらの装置を付けられないことはないのだが、よその土地で広まらないのは、要するにそんなことに金をかける必要はないという感覚のせいである。どれぐらい待たせたら客が逃げるかという程度、人を待たせてはいけないという感覚の程度は、実は都市によって相当な開きがあるようである。

銀行の、同じぐらいの規模の支店で、同程度の客数、行員数の店でも、私の実感では、東京の方が大阪より待たされる時間が相当に長い。東京では預金口座の開設に行って十五分ぐらい待たされることはざらである。四十分間待ってまだ受け付けの順番すら来ないので、おかしいと思って「ご新規」の窓口の様子をのぞいてみたら、年配の女性客が孫の自慢話をしていて若い女子行員がひたすらおとなしく拝聴していたことがあった。客の話をさえぎって追い返すわけにはいかないということなら、あとの客が十人あまりも待っているのだから別の行員が隣りの「ご相談」の窓口で口座新規開設の受け付けをするぐらいの臨機応変の措置があってよいところだが、このケースに限らず、東京ではこの臨機応変ということが非常に少ないような気がする。

このケースを例にとるなら、その女子行員が客扱いが下手だったとか怠慢だったということではなく(実はやっぱりそうなのだが)、規則どおりにやらなければいけないということだけを一所懸命に考えていたということであろう。一五七番の客が終らないと一五八番の客を受け付けてはいけない。一五七番のこの客はまだ話をしている。お客様には丁寧に応対しなければいけない。この三つの条件をどれひとつ動かせないものとして杓子定規につなぎ合わせたら、この行員のような仕事ぶりになるわけである。このような仕事ぶりに出会うことは、東京では相当に多い。

タクシーの乗り方でも、大阪と東京では、ちょっとした差がある。JR大阪駅の御堂筋口の前のタクシー乗り場のような、信号がすぐ前にあるタクシー乗り場では、客を乗せてもすぐには発進できないということが当然よくある。そういう場合、大阪なら、たとえ誘導員がいなくても、後ろのタクシー五、六台がドアを開け、並んでいた客がそれに分かれて乗りこむのが普通で、それが臨機応変というものだが、東京ではこういう乗り方はめったに見られない。ごていねいに一台ずつ所定の乗り場位置に来るのを待って乗りこむ。二メートル後ろに次の空車が待っていても、客はそこまで動こうとはしないのである。無論、動いた方が早く乗れるということに客も運転手も気づいていないのではない。そこまでしてせっかちに乗りこむということが、なにか格好よくない、イキではないと感じられるのであろう。

その場で絵をかけ

あとに客が何人も待っていらいらしているのに、一五七番の客の孫の話を銀行員がすなおに拝聴している、二メートル後ろに次の空車が待っているのに客が所定の位置から一歩も動こうとはしない、そのような光景を見ると、大阪の人間は「なにしてんねんな。その場で絵をかかんかいな」と思ってしまう。予定していたのとは違った状況になったり、規則のとおりにやっていたのではうまく行かなくなったとき、大阪では「その場で絵をかけ」ということを言う。状況に応じて新たな対応策をその場で考えろということである。

その場で絵をかく、臨機応変の対応策を考えてすぐさまとりかかるという柔軟さ、敏捷さが大阪ではとりわけ高く評価されるが、そのような行動様式を支えるものは、第一に、今までの習慣、行きがかりや、その場の雰囲気、勢いに流されないで、こうすればこうなるということを理づめで考えることができる冷静な計算能力と、そういうものに価値を感ずる合理性である。行動が一貫していること、まわりとそろっていて一体感があることというような情緒的な美しさよりも、理づめで計算して判断するというような合理性に価値を認めるところに「臨機応変」を尊ぶ気風が生まれるのである。

その場で絵をかく柔軟さ、敏捷さを支える第二のものは、複数の異なる要請を何とか両立させようとする意志である。前の客が終ってから次の客の受け付けが始まる、タクシーには所定の位置で乗る、それは大切な原則であり、通常はそれを守ることでことが順調に進むが、場合によっては、待っている客を早く処理するという別の要請がその大原則とぶつかることもある。そんな場合に、原則はこうだからと、一方の要請のみに注目して他の要請に目をつぶることで扱いの一貫性を維持しようとする言わば盲目的な秩序優先の感覚もあり得るが、大阪ではどちらかと言えばそうではなく、〝原則〟の中にある「混乱を避ける」という要請と、「早くしなければ」というもう一つの要請とを、何とか両立させる工夫はないものかと知恵を絞るのである。

一人ずつ丁寧に応対して順番をくずさないという一方の要請のみがすべてに優先して、四十分も待っている客を何とかしなければというもう一方の要請を顧慮しないところでは、行列はどんどん長くなる。「これが優先するのだからそのほかのことは我慢しなければ」という感覚と、「それも大事だがこれも大事、何とか工夫して」という感覚とは、大きく異なる。行列することに関して、大阪生まれの私から見れば、東京の人は異様に我慢強い。行列が好きなのではないかと思われるぐらいである。一般に東日本の人は秩序感覚に優れていて、規則に従順であり、それに比べて関西の人は平気でルールを破る、というような声を聞くことがある。状況によっては規則を絶対視せず、目的実現のために有効な第二、第三の方法を探るということもあろう。大阪の人間にとって、「その場で絵をかく」ことができず、ただ「規則だから」とだまって我慢するのは、この上なく息苦しいことである。

行列を短くする工夫が本当にないかどうかを確かめるすべもなく、ただ仕方がないからとだまって行列に並んでいると、自分が人間でなくて石かなにかになったような気がしてくる。大阪の人間は待つことがにが手と言うより、何もしないでじっと待つことがにが手なのである。停滞を嫌い、変化を好む大阪の気風からすれば、行列に並ぶほどつらいことはない。大阪の人が「いらち」であると言われるのは、内面的な時間の感覚がよその人より速いということでは必ずしもないであろう。同じことが続く、変化が起こらない、そういうことを我慢しにくいのだと思われる。そのことは、大阪のことばの運びにも見てとることができる。

ボチャーン、ねこ池落ちよってん

二十年ほど前、フマキラーという殺虫剤の大阪弁のテレビコマーシャルがあった。出演は和田アキ子である。

（鉄砲魚が水中から水をかけて、はえを取るシーン）

「うまいもんやなあ。鉄砲魚のいない御家庭にフマキラー。はえ、気の毒やなあ」

というものである。セリフの進み方にテンポがあって、大阪弁らしくておもしろいと思っていたら、数週間でこのＣＭは流れなくなってしまい、同工異曲の次のようなＣＭに変わってしまった。

（カメレオンが舌を延ばして、はえを取るシーン）

「みごとなもんやなあ。けど、わたし、舌短いさかい、フマキラーにしとくわ。カメレオンのいない御家庭にフマキラー。はえ、かわいそうやなあ」

鉄砲魚の方のバージョンでは「うまいもんやなあ」という讃嘆から一転して「鉄砲魚のいない御家庭に……」となり、有無を言わせず鉄砲魚と殺虫剤を代替品扱いしてしまうところがおもしろく、そもそも殺虫用に鉄砲魚を飼っている御家庭などあるわけはないから、その飛躍が痛快だったのだが、後のカメレオンのバージョンでは、飛躍も、テンポもなくなっている。「わたし、舌短いさかいフマキラーにしとくわ」というような説明が途中にはいってしまうと、カメレオンの代わりにフマキラーをという発想の飛躍が死んでしまって、このコマーシャルの命はなくなったも同然である。

同趣のテレビコマーシャルのバージョン変更というのはよくあることで、この場合も鉄砲魚バージョンが「わかりにくい」とか「下品だ」という理由で差し替えられたのであろうが、要するにその変更の要点は、大阪弁らしさ（大阪弁くささ）を消すことにあったと言ってよい。「うまいもんやなあ」を「みごとなもんやなあ」に変えたのも、「はえ、気の毒やなあ」を「はえ、かわいそうやなあ」に変えたのも、大阪弁らしさ、あるいは当時の全国の視聴者が感じるかも知れない一種の下品さを消そうとしてのことであろうが、「うまいもんやなあ」には「できれば自分もああやってはえを取ってみたい」という構えが感じられるのに、「みごとなもんやなあ」ではそれがなくなってしまう。「自分もああしてはえを取りたい」という姿勢が感じられてこそ「鉄砲魚のいない御家庭に」と続けて行けるのに、それがなかったら殺虫剤に話が移る必然性も流れもなくなるではないか。それが生きたことばというものである。「はえ、気の毒やなあ」ということばには、「気の毒やけど、そら、しゃあない。フマキラーで一匹残らずやってもたった」という和田アキ子の鼻息が感じられて、そこが愛矯なのだが、「はえ、かわいそうやなあ」では単なる同情でしかない。フマキラーを手に持って得意顔でいる表情などはみじんも感じられない。大阪弁らしい単語を消して共通語風の単語に差し替えた結果、生きたことばとしての気持ちの流れもふくらみも、完全になくなってしまったのである。

さらに最悪の変更点は「わたし、舌短いさかいフマキラーにしとくわ」という説明を入れたことである。たしかに、大阪弁くささを消すという目的からすればまことに有効な変更であって、この一行がはいったために、セリフの流れはおよそ大阪弁らしくなくなっている。鉄砲魚への讃嘆から「鉄砲魚のいない御家庭に」と話が飛ぶところに大阪弁らしい切れ味のよさがあり、この転換の速さこそ大阪弁の命なのだが、おそらくわかりやすさという要請からこの転換の切れ味を消した結果、みごとに大阪弁らしさが消えたということであろう。

これがこうして、だからこうなって、それでこうなのだというぐあいに、ことがらを一部分ずつ、一段階ごとに、手順を踏んでまちがいのないように、折り目正しく行儀よく、一歩一歩等速度で安全に確実に伝えていくというようなことばの運び方は、大阪弁らしく聞こえない。緩急自在に、時にはものすごい断絶を含みながら、言いたいことの要点から要点へ飛びうつっていくような運び方、ことばの組み立て方というものが、大阪のことばの流れであろう。「あいつの話はしんきくさい」「もってまわってものを言う」と言われるような話しぶりは、大阪ではとりわけ評判が悪い。

「ねこが池にボチャンと落ちた」と書くと自分の言いたいことと違ってしまうような気がする。「ボチャーン、ねこ池落ちよってん」と書いてはじめて自分の気持ちが伝わる。だから自分は大阪弁で書くのだ……というようなことを、作家の野坂昭如氏がインタビューに答えて語ったことがある。たしかにこの二つの表現の違いは大きい。「ボチャーン、ねこ池……」の方は、ねこがよそ見をしていて思わず足をすべらせたような感じがするが、「ねこが池に……」の方は、ねこが草履をそろえて覚悟の入水自殺をしたという感じがすると言った学生があったが、そのような雰囲気の差が、この二つの間にはある。

「ねこが池に……」という表現は、ことがらの骨組みを端から順々にことばにしているだけの平板な、静的な表現であるが、「ボチャーン、ねこ池落ちよってん」の方は、明らかに積極的、意図的に文全体を二つの部分に分け、動的に組み立てている。「ボチャーン」という水しぶきの、聴覚的、視覚的イメージそのものをまず提示しておいて、その上でその音の生じたわけ、「ねこが池に落ちたのだ」という事情を説明するのである。伝えようとすることの全体を、「直接的イメージ」対「反省的解説」

という二面に分離、剥離して、その二面の出会い、衝突として事態の全体を表現するものであり、聴覚・視覚イメージから反省的、分析的把握へという表現者のいわば視点の動きを含んだ、動的、立体的な表現であって、その意味で、俳句的あるいは漫画的な表現方法だと言ってもよいであろう。

大阪らしいことばの運び方というものは、このように内部に緩急の差を持ち、飛躍を含みながら、話し手のダイナミックな目の動き、気持ちの動きを直接的に反映しているものであって、それはおとなしく行列に並んだり、何もしないでじっと待つことを極端に嫌う大阪人の気持ちのリズムのあり方とつながっているものである。時にはこれでもかというほど細部にこだわり、具体的なもののイメージや名前を饒舌に並べたてたりしながら、時には牛若丸のようにあっちからこっちへ飛びうつる。大阪弁には勢いがあると言われるのは、その音声面の印象だけでなく、このようなことばの運び、内面的な足どりのあり方まで含めてのことであろう。

詩人の谷川俊太郎氏は、ことばのリズムは生体の生きるリズムだと指摘している。大阪のことばの中にある内面的なリズムは、大阪の人の目の動き、気持ちの動き、生きているリズムそのものにほかならない。太鼓に合わせてラッセ、ラッセと大きく跳びはねる青森のねぶた祭、コンコンチキチンと優雅にゆれる京都の祇園祭、チキチンチキチンジャンジャンと忙しくドンドコ船が走りまわる大阪の天神祭。その都市にはその都市のリズム、テンポがある。停滞を嫌い、変化を好み、イラチで敏捷でダイナミックな動き、それが大阪のリズムであろう。

ついでながら、ホタルのリズムにも地域性があって、東日本のホタルは四秒に一回光るが西日本のホタルはイラチで二秒に一回光るということが、学者によって報告されている。人間のことばのリズムとは何の関係もないことだが、妙におもしろい。なお、東日本と西日本の境界の中部地方には三秒に一回光る折衷的なホタルもいるというから、笑える話である。

第九章

大阪弁は非能率的か

大阪弁イメージの変化

非関西人が大阪弁について抱く印象は、江戸時代から現在までの間に、大きく二回変わったようである。

昭和三十年ごろまで、非関西人、特に東日本の人や九州の人が大阪弁について抱いたイメージというのは、めめしい、くどい、のろくてもたもたしているということに加えて、反理性的、下品、猥雑で、たしなみがなく、おまけに狡猾で油断もすきもならないというようなものであった。このイメージは今でも一部に抜きがたく残っている。

これが昭和三十年代にはいると、大阪弁や大阪的な人物像に一種の新鮮な魅力を感じる人も出て来た。二代目中村鴈治郎が主演する何本もの映画や森繁久彌の「夫婦善哉」の映画などの影響が大きかったのだが、強きますらおであるべき男性の弱さや頼りなさが臆面もなく無防備に表現されて、それがかわいいという不思議な魅力のあり方に、東京の観客は新鮮な驚きを感じたということである。あくまでも強いこと、理性的であることが価値とされる東京では決して魅力となり得ないそれらのものが、上方和事の伝統をひく大阪弁で表現されると、不思議に魅力的にも感じられるという驚きであった。

こうなると、大阪弁の中に彼らが感じる猥雑さ、下品さまでが、人間本来の生命力、バイタリティの直截な表現として好意的に受け入れられるということが起こってくる。それは、人間の弱さ、みにくさや、とうてい合理的には割り切れない感情のどろどろしたものを、隠すことなく堂々と表現し主張するという点に、合理性や効率追求一辺倒の社会に対するアンチテーゼというようなものを感じとっての共感、喝采でもあろう。これは、大阪という都市や大阪のことばの真実の姿とは必ずしも一致しないのだが、自らとちがう部分だけを勝手に拡大してある種の思い入れを込めてしまう異郷の人にとっての、一つの肯定的な大阪イメージの成立であった。

ただし、この肯定的なイメージは、めめしい、くどい、反理性的、反規範的、下品で猥雑というような、大阪弁の伝統的なマイナスイメージの裏返しに過ぎないということも忘れるわけにはいかない。大阪弁に魅力を感じるにせよ嫌悪を感じるにせよ、大阪弁に対する彼らのイメージは所詮一つであり、彼らにとって、自分とはちがった特別な世界だったわけである。かくして、反権力の市民運動家から成り上がりの商売人、反エリートの落ちこぼれ刑事、果てはヤクザ、ペテン師まで、テレビドラマの中ではそろいもそろって大阪弁をしゃべるというような大阪弁のイメージが固定していくことになる。

そのような、プラスとマイナスが背中合せになっている異郷の人の大阪イメージを、偽悪的なところのある大阪人が自らすすんでひきうけたという面も実はあって、下品であることを装う中に自身の存在感覚を求めるという不器用な自己主張が今なおあるということも否定できない。「もうかりまっか」というようなあいさつが、酒席でのシャレとしてならともかく、大阪の日常の市民生活ではあり得ないということは既にある程度知られているが、それでもなお東京に出てきて「世の中万事ジェニでっせ」というようなセリフを言ってウケようとする大阪人がいまだにいるということもまた事実である。

ところが、最近、この大阪弁のイメージが大きく変わってきた。異郷の人、特に東京の若い人の間で、大阪弁に対して従来とはまったくちがった好感を持つ人がものすごい勢いでふえているのである。

新宿や渋谷の町ではおそらく関西出身だと思われる若い人たちが肩の力を抜いてごく自然に関西弁を話しているし、大阪弁の男と東京弁の女とが何の違和感もなく、当たり前のように仲よく会話をしているのもよく見かける。道玄坂で二十歳ぐらいの男が大阪弁でナンパをしているのに出会ったこともある。それだけではない。東京大学の駒場キャンパスで、女子学生が堂々と大阪弁をしゃべるのを聞いたことさえある。これらは、十五年前には考えられなかった現象である。今の大阪の若い人は十分に器用で、東京アクセントと大阪アクセントの使い分けぐらいなら、ほとんどだれでもできる。東京の街やキャンパスで彼らが大阪風に話しているのは、あえてそれを選んでいるのであって、これは大阪弁が東京の若い人たちの間でそれほどまでに暖かく受け入れられているということにほかならない。ＮＨＫのある番組の調査によれば、「大阪弁が好きだ」という東京の若者は七五パーセントを数えるという。そこまで多いかどうかは別としても、確かにその傾向は実感できる。

大阪弁に対する感覚のこの変化は、私の観察では、昭和六十年前後からのことであって、テレビで言えば「パペポＴＶ」という関西弁のトーク番組が東京でもウケ始めたのが、そのわかりやすい目印と言える。コテコテのお笑いでもなく、どぎつい根性ドラマでもなく、特にどうという筋もないただの関西弁のやりとりが東京でこれほどウケたというのはかつて無かったことで、大阪・京都の会話の本当のおもしろさが東京の人にも分かりかけてきた証しと言える事件であった。かつてとは違うそういう大阪弁の歓迎のされ方は、その後のやしきたかじんやトミーズ雅らのトーク番組の増加となって現れてもいるし、最近の島田紳助、今田耕司、ナインティナインなどの人気の高さは、東京人の大阪弁受容が、まっとうな、本格的なものであることを示してもいる。

さて、では大阪弁の会話のどういうところが東京の若者をひきつけるのであろうか。

平成四年十二月に、大阪弁ブームに乗って大阪のイメージアップを図るべく、「原宿ジャック──大阪弁が一番近い日──」(大阪市、大阪都市協会主催)というイベントが東京の原宿で催され、企画・監修、出演という形で私自身も参加したが、そこに集まった十代後半から三十歳ぐらいまでを中心とする東京の観客約三百人にアンケートを取ったところ、大阪弁に対する印象は、ほぼ例外なく次の四つに集約されていた。

(1)　勢いがある。元気がよい
(2)　さっぱりしている
(3)　あたたかい
(4)　おもしろい

これは、かつての東京における大阪弁イメージとは大きく違う。かつては大阪弁と言えば、もたもたとメリハリがなく、ゴテゴテとくどくてしつこいことばだというのが、一般的な受けとめられ方であった。右の(1)と(2)は、その正反対である。当日の観客の一人、ある女子高校生などは、(2)の解説として、「東京の男の人のしゃべり方は、もってまわって回りくどい」とまで言っている。赤井英和や清原の大阪弁の男らしさ、清水圭や森脇健児の好感度は、従来の大阪弁のイメージとは全く違ったものである。

東京の若い人たちは、自分たちの中にもあり、自分たちももっとそうありたいと思う価値のみごとな実現を、大阪弁の生きた会話の中に見てとっているのである。

大阪弁は非能率的か

このようなまったく新しい大阪弁イメージが相当に広がってきてはいるけれども、それはせいぜい三十歳ぐらいまでの若い人たちの間のことで、中年以上の世代では「のろくて、くどくて、猥雑で、滑稽《こっけい》で」というような、従来の大阪弁イメージが依然として根強い。若い人たちの中にも、このイメージを持ちつづけて「大阪弁はきらい」という人が、やはり何十パーセントもいる。これも否定できない事実である。

問題は、そのような旧来の大阪弁イメージに確かな根拠はあるのか、それは大阪弁の実際のあり方を本当に映し出しているのかという点である。

例えば東京弁との比較で「大阪弁はダラダラとして、しまりがない」などとよその人から思われてきたのは、主として発音、発声上の印象であろう。言語自体が母音優勢で、声帯の緊張をわりあいゆるめて発声する傾向もある京都、大阪のことばが、〝堅い〟発音を聞きなれた東日本や九州の人から見ればそのように聞こえるのも、ある意味では無理もない。しかしこれは、「鼻にかかった音が多いフランス語は甘ったれた言語である」というのと同じく、何の根拠もない不当な主張である。

また、「大阪弁は饒舌、猥雑で、大阪人はくどくて、下品である」というのも、根拠があるようで、実はない。たしかに大阪の人は発話の量において抜群に多弁であり、同じことを言うにもことばの上で様々に〝芸〟をして楽しむところがある。それをそのような習慣を持たない人から見れば無意味な饒舌と感じられることも、ある意味ではやむを得ない。けれどもそれはその人の感覚にとって受けいれがたいというだけのことであって、大阪のことばそのものの価値とは関係のないことである。特に、発話の量というようなものは、言語ごと、文化ごとに違うものであって、発話量の多い方言の地域の人は全員自己顕示欲が強いというような短絡的な決めつけは、「無口な人は語るべき自分というものを持っていない」という決めつけと同様に、まったくナンセンスである。伝統的な日本の文化では、無口が美徳とされ、多弁が軽蔑、嫌悪されてきたと言われるが、それも地域、時代によりけりであろう。「石器時代でも大阪の人間はようしゃべってたにちがいない」と学生に言ったら、「石器時代に大阪はありません」とツッコミが返ってきた。最近の大阪弁好感度の急上昇は、全国的に若い世代がおしゃべりになってきたことと無関係ではないと思われる。

このように、「しまりがない」とか「猥雑、下品で」というような印象は、大阪弁の外にいる人たちの違和感の表明にすぎないもので、正当な何の根拠もあり得ないものであり、その意味ではとるに足らぬものであるが、中には、旧来の大阪弁イメージに客観的な根拠を挙げてその正しさを論証しようとするような議論があるから、これは注意を要する。

例えば昭和三十年代半ばに出版された前田勇氏の『大阪弁入門』(朝日新聞社刊、後に『大阪弁』という書名で朝日選書シリーズに収録)がそれであって、「大阪弁はテンポがのろくて、非能率的である」ということを、様々な事実を挙げて主張している。客観的な根拠を挙げて自説を論証しようとする姿勢そのものは見習うべきだが、その事実が本当にその主張の根拠になり得るかということは、現在われわれが冷静に問い直してみる必要のあることである。

九州人である前田氏は大阪弁の非能率性の根拠の一つとして、助詞の音数が多いことを挙げる。

〔東京〕

私のです。

頼むから、貸してくれ。

どこまで行っても、

おやじもおやじだが、

目先の事ばかり考えて、

〔大阪〕

私のんだす。

頼むさかい(に)、……

頼むよって(に)、……

どこまで行(っ)たかて、

おやじもおやじやけど、

目先の事ばっかし(ばっかり)考えて、

これらの例によって大阪弁の助詞の音数が対応する東京弁の助詞の音数より多いこ

とを指摘し、それが「大阪弁は、どんなに早口でしゃべってもテンポがのろいという感じを与える主要な原因」の一つであると主張するが、実は、さがせば音数の多少が逆になるケースもたくさんある。

〔東京〕
行ってみたけれど、
子どもだって知ってる。
きのう見たって言った。
そんなにあわてないで、
本を読ませる。
行かなければならない。

〔大阪〕
行ってみたけど、
子どもかて知ってる。
きのう見たて言うた。
そんなにあわてんと、
本を読ます。
行かんな(ら)ん。

また、前田氏は「思い出したんだとサ。逢いたくなったんだとサ」という流行歌を持ち出して、大阪弁の「思い出したんやテ」と比べた場合に「とサよりんやテの方がまどろっこしいということは、議論の余地がない」としているが、正確に比べるなら、「思い出したんだとサ」と「思い出したんやテ」とを比べるべきで、大阪弁の方が音数が少ない。さらに言えば「思い出してんテ」という短い形まである。このように見てくると、意味が同じ助詞や助動詞を比べて大阪弁の方が東京弁より音数が多いという一般的な事実はまったくないと言わなければならず、まして、その音数の多さを根拠として大阪弁のテンポののろさを主張することなどナンセンスであると言わざるを得ない。

そもそも、大阪のことばのテンポは東京に比べておそいであろうか。東京人の中にも、実はそう思っている人と逆に考えている人と両方がいるようである。そこで、私はその点をはっきりさせようと思って、以前、NHKテレビの「日本語再発見」という番組の中で、東京と大阪の会話のテンポの速さについての実験をしてみたことがある。五行程度の対話から三十行程度の対話まで五種類の会話の台本をつくり、同じ内容を東京弁で書いたものと大阪弁で書いたものと用意して、それぞれ東京の俳優さんのペア、大阪の俳優さんのペアにわたして、一つの会話につき三種類の異なった気分で実演してもらったというものである。同じ台本でも気持ちによって速く言う場合とゆっくり言う場合とがあるはずで、その総合値を見たいという趣旨である。

その結果、内容五種類×三回、計十五回の総平均値では、東京弁の会話時間と大阪弁のそれとの間にほとんど差はなかった。つまり平均値で言うと、どちらが速いということは言えないのである。ところが、同一内容の対話の三種類の気持ちの実演の中で最も速かった場合と遅かった場合を比べると、東京弁と大阪弁の間には歴然とした差があって、速い場合は大阪弁の対話は極端に速く、遅い場合も、大阪弁の方が東京の遅い場合より相当に遅いという結果が出た。つまり、大阪弁の会話の方が、遅速の差が圧倒的に大きいのである。こういう差のあり方の中のどこをとらえて速いというか遅いというかであって、「大阪弁は速くて気ぜわしい」と感じるか「のろくてもたもたしている」と感じるかは、どの面に注目するかによって決まることであろう。

「同じ意味なら大阪弁は音数が多い」ということも、「大阪弁はのろい」ということも、事実を根拠としては主張できないことであると確認しておきたい。

前田氏は、大阪弁が非能率的であることの根拠として、大阪弁には「回り道をした表現」「迂回的表現」が多いと指摘する。

標準語で「行かない」と言うところを大阪弁では「行けへん」と言う。「行けへん」というのは「行きはせぬ」の音変化形であって、回り道をした否定である。同様に、標準語で「良くない」「良くはない」と言うところを大阪弁では「ええことない」「ええことあらへん」と、もってまわって言う。このように大阪弁の表現は迂回的だと言うのである。

大阪弁では動作や状態を直接に否定するのでなく、それが肯定される事態を一旦ことばにして設定した上で否定しているというのはそのとおりであるが、それは無意味な迂回なのであろうか。そもそも否定文というものは、主語と述語の結びつきをただ否定しているだけでは、無数の可能性の中の一つを消しただけのことであって、それ自身ほとんど情報価値を持たない。否定文が実際の伝達において情報価値を持つのは、発話環境とその文の否定的内容とが特別な関係にある限られた三つの場合だけである、というようなことが最近の文法学の研究の結果、発見されている。その限られた場合の第一、最も基本的なものが「〜は〜であるかというと、そうではない」というような、肯定されそうな事態を一旦意識してそれとの対立のもとに否定事態を主張する場合である。発話環境の中でそのようなあり方で存在することが否定文にとっては最も安定しやすいあり方であり、大阪弁の「行きはせぬ」↓「行けへん」とか「ええことない」という否定形式はそのような否定文の安定的かつ有効な存在の仕方を具現する形式なのである。無意味な迂回などでは決してない。否定表現というもののそのような機微、言語が意味を表現するということのそのような深い構造までをもサラッとことばの形で表しているという点で、大阪弁はまことに精緻、精妙、行きとどいた言語なのである。

前田氏は、助詞などの音数が多いこと、迂回的な表現が多いことをもって、大阪弁は非能率的であると決めつけたが、それは事実においても、また文法事実の内実解釈においても、とうてい言えることではないのである。

第十章 大阪弁は非論理的か

非論理的との印象の原因は何か

「勢いがあって、さっぱりしていて、あたたかい」というような印象をもって、大阪弁に対する好感度が全国的に急上昇しているが、それはせいぜい若い世代の人たちの中でのことであって、中年以上の世代ではあい変わらず「のろくて、くどくて、下品で、猥雑で」というような従来の大阪弁イメージが、依然として根強い。そのようなイメージの延長上に、「大阪弁は論理的ではない。論理的でないけれどもそれだけに情緒的な方面の表現力には長《た》けていて、何とも言えぬ味わいがある。また、非論理的であるからこそ滑稽なのであり、そこが大阪弁の魅力でもある」というようなことが、まことしやかに語られたりもするが、本当にそうなのであろうか。冷静に考えてみたい。

大阪弁は非論理的であるという印象をもつ人にとって、そのような印象はどこから来るのであろうか。テレビやラジオのニュースのような話しことばが論理的な話しことばの典型であり、書きことばに近い話し方こそ論理的な話し方なのだというような感覚がおそらく前提としてあって、大阪弁はそれとは大いに異なるから論理的ではないと感じるのであろうが、これは二重の意味でナンセンスである。

第一に、放送用の話しことばも書きことばも東京のことばをベースにして作られたものであって、大阪のことばとへだたりが大きいのは当たり前のことである。ニュースのことばや書きことばとへだたりがあるということと、論理的でないということとは、全く別のことである。

第二に、話しことばと書きことばとは本来相当に違うものであって、東京においてさえ、というより東京においてこそ、伝統的な生活語としての東京語と書きことばとの距離は大きいのである。慣れぬ地方の人が無理をして共通語風に話そうとすると、なにか小説の会話部分か漫画の吹き出しでも読み上げているような、とってつけたような話し方になりやすいものだが、それはそもそも書きことばとは独立した東京語話しことばというものを使えないからである。論理的に話そうとすればその内容展開の骨格において書きことば的な整備が必要となり、おのずから語彙や言いまわしの面で何ほどか書きことばに近づいてしまうということは避けられないけれども、それが生きた話しことばとして実現される限りは、その調子においても文構成においてもディスコースの組み立てにおいても、書きことばとは大きく違っているはずである。生きた話しことばとしての自然な流れと勢いをもつ大阪のことばが書きことばと違うのは当然のことであって、それは非論理的であるということでは決してない。

助詞の省略が多かったら非論理的か

もし、大阪弁が非論理的であるということを、単なる印象としてでなく、論理的に主張しようとするならば、何を根拠として挙げるであろうか。前田勇氏の『大阪弁入門』(朝日新聞社刊、後に『大阪弁』という書名で朝日選書シリーズに収録)という本では、大阪弁の助詞の省略率が高いことをもって、大阪弁は非論理的であると主張している。

あんた、根性※悪い。

おまはんとこ※魚屋やなあ。

この提灯※もろて往ぬで。

こんなめでたいことないやないか※言うてな。

これらの場合、※の位置にあるべき助詞、すなわち右から順に「が」「は」「を」「と」が省略されているのであって、これらの助詞の省略率は東京に比べると大阪の方が高く、また大阪ではどんなに改まった物言いでも、ある程度の省略は最後まで残るというのである。

たしかに、事実としてはそのとおりである。しかし、それは大阪弁が非論理的であるということの根拠になり得るのであろうか。

前田氏は第一に、古代日本語とは違って「が」「を」などの助詞を省略せず、そのことによって論理関係を顕示するのが近代日本語の特徴であるのに、大阪弁はその大勢に反逆しており、時代への逆行であると言う。そして第二に、助詞を言わないことの結果、どういう助詞が省略されているのかわからない場合が出てくる、つまり話されたことばの論理関係を明確に把握することができない場合が生ずると主張する。前田氏は次のような例を挙げている。

仕入れ、ないか。

この例は「が」「は」のいずれが省略されているのか決まらない、よって理路がぼやけてしまうと言うのであるが、本当にそうだろうか。実は右のようなタイプの助詞のない文例は、「助詞なし」であることが積極的に必要な文だということが、最近の文法学の研究の結果、明らかになっている。つまり、「仕入れ、ないか」「仕入れが｜ないか」「仕入れは｜ないか」の三つの文は、それぞれにその形がふさわしい状況の中で使われるのであって、この場合の助詞なしの文型は「が」「は」いずれかの省略とは言えないのである。

詳しく説明すると、「仕入れが｜ないか」という文は、例えば「きのうの電話では仕入れがあることになっているのだが、本当にないのか」などというような場合、「仕入れは｜ないか」という文は、例えば「さっきから話題にしていたあの仕入れは、ないか」とか、「ほかの用事(もの)はなくても、仕入れだったらあるのではないか」などというような場合に、それぞれその文型がふさわしいのであって、そのいずれでもないような、ただ「仕入れ」の存否を尋ねるだけの質問の場合には、「仕入れ、ないか」という助詞なしの形にすることが積極的に必要なのである。

主語に助詞を付けないことが積極的に必要であるようなケース、つまり助詞なしの文の意味が「が」を使った文、「は」を使った文のいずれの意味とも異なるというケースはそう多いことではなく、大きく類型化すれば三つのタイプに限られるということとが昭和六十二年に学会で報告されている(報告者は、尾上)のであるが、「が」の省略か「は」の省略かわからないと前田氏が挙げたものは、まさしくその第一タイプ〝存在の質問文〟に当たるのである。「が」の省略だとか「は」の省略だと簡単に言ってしまえないこういうケースを昭和三十年代に発見した前田氏の注意深さはすばらしいものであるが、それは本当は、いずれか決まらないということではなく、いずれとも違うということだったのである。従って、それはあるべき助詞を省略してしまった結果意味が不明確になっているということでは、決してない。助詞を省略するから非論理的であるとは、この場合、絶対に言えないのである。だいたい、「仕入れ、ないか」という文の意味が、助詞がないせいで不明確になっているというようなことは、大阪人でなくても、日本人の言語的直感としてあり得ないところである。

加えて前田氏の決定的な錯誤は、このような場合の助詞なし文を大阪弁特有の現象だと思いこんだ点である。右のような場合に、助詞なしにすることが積極的に必要であるというのは、東京語でも共通語でも言えることであって、言わば日本語全体がそうなのである。また、右のような「存在の質問」の場合とは別に、前田氏は「わたくし、桂枝太郎でございます」というような自己紹介のケースを挙げて、「元来、東京弁では、こんな歯抜けの物言いは、たしなめもし、たしなめられもしたものである」と言うが、それは事実に反する。選挙演説か、でなければ日本語に不慣れな外国人でもない限り、面とむかって「わたくしは○○でございます」とあいさつされたら、言われた方がとまどうに違いない。これは先に紹介した積極的に意味のある助詞なし文の第三タイプに当たるものであって、大阪弁のみならず、東京弁でも、共通語でも、このような時は助詞なしでなければならないのである。

　このほかに前田氏は、「を」の省略か「は」の省略か決まらないケースを挙げ、やはり助詞の省略によって論理が不明確になっていると主張する。

　この提灯、もろて往ぬで。

　そいつ、れんげ(擂木)で二つ三つ殴ってほしいね。

この場合も実は、いずれの省略か決まらないのではなく、いずれの省略でもないのであって、命令・教え・勧め・質問・希望表明などの具体的な相手に対する表現の場合は、主語や目的語に助詞がつかないことが普通のあり方であり、「を」や「は」がつくのはむしろ特別な場合であるということが、これまた平成七年の認知科学会のシンポジウムで報告されている(報告者は、尾上)。目的語に「を」を使うか、「は」を使うか、助詞なしで言うかの三つの選択肢のうち、右のような通告や希望表明の場合は助詞なしを選ぶことが常態なのであって、「を」や「は」は特にある気持ちを表現したい場合に限って用いられるものであるという見解は、この時のシンポジウムで初めて公に主張されたものであるが、当日のパネリストのうち、私のほかにもう一人同様の見解に立つ学者があった。つまり、目的語の助詞に関する限りこの問題についての定説というものは学界にまだないが、単なる省略とは考えない、つまり、その必然性があって助詞なしの文型が選ばれているのだと考える見方が有力になりつつあるのであって、いずれにせよ、目的語に助詞を使わなかったからといって論理が不明確になることは、絶対にないのである。また、これは大阪弁だけの問題でもない。ころころと遠くへ転がったボールを追いかけるとき、「おおい、ボールを取って」と叫ぶより「おおい、ボール取って」と叫ぶ方が圧倒的に自然であるということは、東京語でも、共通語でも、おそらく日本中の日本語で確かなところである。

このように、主語の場合にせよ、目的語の場合にせよ、前田氏が助詞の省略ゆえに論理が不明確になっていると主張する例は、実はいずれも大阪弁だけの問題ではなく、また論理が不明確になってもいないのである。

なぜ助詞を付けないことが多いのか

助詞を省略してしまった結果、大阪弁では論理関係が不明確になることがあるという主張は、主張の論理から見ても、この文型によるコミュニケーションの実態から見ても、このように全くナンセンスであるが、それはそれとして、大阪弁で助詞の省略率が高いことは事実である。助詞なしで語ることが積極的に必要である右のような場合でなく、助詞があってもなくてもほとんど意味が変わらない、つまりどちらでもよいと思われるような場合に、大阪弁では助詞を付けないで言う傾向が確かに高い。

こたつ消えてるのん、だれも知らんかったがな。
こたつが消えてるのん、だれも知らんかったがな。

新聞読んでるときに用事言わんといて。
新聞を読んでるときに用事言わんといて。

もうあかん言うてるのに、まだ飲ましよるねん。
もうあかんと言うてるのに、まだ飲ましよるねん。

大阪弁ではいつでも助詞を言わないということではなく、「が」「は」「を」「と(引用)」およびある場合の「に」「へ」に限って、しかも、助詞を付けて言う場合と付けないで言う場合と、両方とも無視できないぐらいに多いのである。これは、共通語と比べると、省略率がはるかに高いということになる。

このことから言えることは二つある。

一つは、前後の関係から意味がわかるときは、大阪弁ではこれらの助詞を言わなくてよい、ということである。助詞なしで意味がわかる場合ですら原則的に助詞を付ける傾向の高い、例えば現代共通語などと比べてみると、それは大阪弁の著しい特徴である。大阪弁ではテニヲハは、付けないでも意味がわかる場合は、付けない。これが、第一の点である。

ということは、第二に、付けている場合は、単に論理関係を表すためではなく、それ以上の必要のために付けているということである。「もうあかん言うてるのに……」と「もうあかんと言うてるのに……」とを比べると、後者では「これこれということをきちっと言ってるのに」というふうに、自分の言った内容を額ぶちに入れて、だれもが認めなければならない位置に固定するという趣きがある。さらに言うなら、前者はどちらかと言えば「ちゃんと言った」ということの表現に力点があるのに対し、後者は「これこれの内容を言った」という方に力点があるという区別が生ずる場合さえあるであろう。このように、文のどの側面を前面に出して伝えるかという、表現・伝達のレベルでの意味の相違を、大阪弁の助詞の有無は言い分けているのである。

そのような意味の側面における区別は、どの方言・どの言語にもあるにはちがいないが、例えば共通語ではそういう区別は前後の文脈や音声上の力点のあり方によって表されるに過ぎない。大阪弁では、加えて助詞の有無という、ことばの形にまで表されるということである。その差は、文内容のどの側面をどういう姿勢で相手に伝えるかというような高度なレベルの意味が、音声上の力のはいりぐあいなどによって言わば自然に表れてしまうか、助詞の有無の選択によって表し分けられるかという違いであって、大阪弁の世界ではこれほどまでに微妙な意味の言い分けが発達しているということにほかならない。

それはちょうど、英語では単に「主語」として形態上の言い分けのないものが、日本語では「○○は」というか「○○が」というかの言い分けがあって、主語の表現上のあるレベルの意味の区別が助詞の選択によって文法的に表現し分けられているということと同じ性質のことであって、大阪のことばはそれほどまでに意味の微妙な区別に敏感であるということである。

大阪弁の助詞の有無によるそういう言い分けは、自分の母語としての方言においてそのような微妙なレベルの言い分け形式をもたない人から見れば、単に「あるべきものが落ちている」というように感じられ、大阪弁の格調の低さ、非論理性の証拠として語られたりもするが、実はそれどころか、そのような微妙な意味の違いまでも形にして表現し分けることができるという意味において、大阪弁の論理的表現能力の高さを証明する事実だったわけである。

第十一章

笑い指向と饒舌の背後にあるもの①

相手との距離の近さ

大阪弁は、ことばそのものにおかしみがある。大阪人が二人寄ったら漫才になる、などと言われることがある。たしかに、大阪のことばで話すと笑いがふくらむし、大阪の人の会話には笑いが絶えない。これはなぜであろうか。

人はことばでものを感じ、考え、ことばでひとと接触し、ことばで自己を表現する。ある都市、ある地域のことばの特徴と言われるものは、実はその地域の人のものの感じ方や考え方、ひととの接触のしかた、自己表現のしかたといったものの特徴にほかならない。本書では前章まで、大阪のことばの根底に大阪の人のどのような気持ちの動き方があるかを見て来たが、そこで指摘した様々の特徴が、ほとんどすべて「笑い」というものに結びついていく可能性をもっていると言ってよさそうである。この章と次の章で、そのことを考えてみたい。

まず第一に、「相手との距離の近さ」ということについて。

近鉄あべの橋駅の切符の自動販売機で、釣り銭が多く出過ぎてびっくりしている女子学生にむかって、隣りの列のおじさんがすかさず「まあ、姉ちゃん、安う乗んなはれ」と声をかけたという話を前に紹介したが、大阪の人は、ひととの間に壁を作らず、心理的に距離をとらない傾向が高い。それは、自分と相手とが同じ所に立って、同じ角度でものを見る感覚と言ってもよいもので、「まあ、そない言わんと、堪忍したって」というように、自分が自分のために人に頼むときにすらあたかも第三者のために頼んでやっているかのような言い方をするということにも表れているところである。

そのような感覚は、「はよせんかいな」という言い方に見られるとおり、相手を非難するときですら「な」という助詞を使って相手と同じ位置に立ち、相手の肩を抱いて同意を確かめるような姿勢を維持するというところにも見られるのであった(以上、第四章)。

相手との間の壁を取り去るようにものを言うという傾向は語法にまで表れていて、垣根をはずして自分の手の内を相手に見せる言い方である「ノヤ」由来の「ネン」がきわめて頻繁に使われ、この語法の好まれ方は「あるネン」に平行して「あっテン」という語形まで発明されているほどである(第三章)。また、相手との接触を歓迎する、人と会話することそのものを喜ぶという姿勢、そういう気持ちまで表現してこその会話であるという感覚は大阪の人の会話のすみずみにまで浸透していて、それは「いてる、いてる」「あった、あった」というように、ことばを二回重ねて返事をすることにも表れているのであった(第二章)。

相手との間に距離をとらずにものを言う、同じ角度でものを言うという感覚に立てば、会話は、むこうとこちらのキャッチボールというよりむしろ同じ側にいる者の共同作業というようなものになる。だれかがボケればだれかがツッコむ、だれかがボケたがっていると見ればだれかがそのお膳立てをしてやる、大阪の人のそのような共同作業の感覚は、小学校の休み時間以来つちかわれたものである(第七章)。

大阪の人の会話を支配する「相手との距離の近さ」や「相手との共同作業の感覚」というべき特徴は、言うまでもなく、笑いにとっての基本的な要素である。笑いというものが、相手との間に共通の立場や共通の感覚を確認しあう社会的な行為である以上、右のような相手との一体感は、笑いの基盤であるにちがいない。

「当事者離れ」と「含羞」

「君、結婚したんやてなあ。おめでとう」

「いや、ありがとう」

「ところで、君、ポケットに大きなふろしき入れて、何のつもりや」

「今日、あんたに会うから、結婚祝いの置き時計かなんかくれるやろ思て、それをこのふろしきで包んで帰るねん」

「よう言わんわ」


結婚祝いに置き時計でももらおうと勝手に計画して大きなふろしきを持ってきた相手のあつかましさ、むしのよさをつくときに、その状況内にいる当事者として、つまり結婚祝いを期待された本人として、相手のあつかましさを非難するのではない。まだだれも何とも言っていないのに、今日あたり置き時計をもらうにちがいないと勝手に決めてふろしきまで用意したそのあほらしさを、第三者の位置に立って笑おうとするのが「よう言わんわ」というセリフである。事件の当事者としてではなく、状況の外に立つ第三者として事態のおかしさを味わおうとする姿勢が、このツッコミには濃厚にあり、そこでは非難されるべき当の相手も状況外の第三者の位置に引き上げられるのであって、それでこそ、ツッコまれた側も一緒に笑っていられるのである(第六章)。

大阪人のツッコミは、たいていこのような強烈な「当事者離れ」を含んでいるのであって、もしその感覚が共有されていなければ、ツッコまれた側がにこにこ笑ってはいられない。

「ぼく、きのう目が覚めたら七時五十分で、こらあかん、遅刻や思て、めしも食わんと電車に飛び乗って、会社に着いたら、だあれもいてへんねん。よう考えたら春分の日や」

「あほくさ」

相手のまぬけぶりをついているのではなく、そのようななりゆきそのものを状況外の第三者の位置から「あほくさ」と評しているのであって、それはむしろ、あわてて会社へ行った当人の身になって「あほらしいことであった」と共感してやっていると言ってもよい。言われた方でも、その感覚がわかっていればこそ、一緒に笑えるのである。「あほくさ」「あほらし」「そんなあほな…」などと言われて怒らないのは大阪人だけであると、よく言われる。あんなはげしいツッコミをしてよくけんかにならないものだと、大阪人の会話が評されることも多い。会話の中に、当事者としてものを言う部分と、当事者であることを離れてものを言う部分とを厳然と区別して、その二つをヒョイヒョイと渡り歩くのが大阪人の会話であって、お互いにその感覚を共有していればこその芸当なのである。

阪神大震災で三十時間も生き埋めになってようやく救出された直後の六十代の男性

が、テレビの記者に対して、「自分の小便をビニールの袋にためて飲みましてん。……こんなん、放送せんといてや……妙な話やけど、ピュッと飛びませんねん。なんでや知らんけど、タラタラとしか……。けど、まずかった。へ、へ、まずかった……」と話していた(第一章)が、これもみごとな「当事者離れ」である。恐怖と寒さからようやく解放された安堵の気持ちを、自分自身でこのように状況を戯画化して振りかえってみることでやっと表現したのであろう。べつに記者を喜ばせようとしているのではない。無論、テレビカメラの前で目立とうとしているのでもない。ただ、当事者離れを果たすことで自分自身の安定を取りもどしているのである。会話の随所で「当事者離れ」を無防備に表現することは、言わば聞き手への信頼の表明なのであるが、大阪以外の人にはこれが誤解されやすいということも、また事実である。

右のような切実な場合も、そうでない場合も含めて、会話の途中で突如「当事者離れ」をやってしまう根本的な動機は、それこそ大阪人の「変化を好む」という習性にほかならないであろうが、そのような〝習性〟のほかに、もう一つの動機として、一種の「含羞」と呼べるようなものが加わっていることがある。

「みんな親身になって心配してくれて、ありがたい思てます、はい。二日目には京都と大阪から親類がとんで来てくれて、『今なにが一番欲しい』ゆうて尋ねるから、『家が欲しい』言うたら、『そら、わしらも欲しい』て……」

震災直後に小学校の体育館でテレビのマイクを向けられた年配の女性のこの返事も、さっきの生き埋めから救出された男性の話も、悲惨な話をまともにただ悲惨に話してもそれこそ一層つらくなるだけではないかという気持ちが、根底にあるのであろう（第一章）。あたり前のことをあたり前に言うだけでは恥ずかしいではないか、聞いて退屈せんように、言うてる自分の肩が凝らんように、なんなと言うておもしろせんことにはいたたまれないではないかというこの気持ちの動きは、一種の照れ、あるいは含羞と言ってもよいものだと思われる。このような一種の含羞が「当事者離れ」の動機となっていることも見逃すことができない。

十年ほど前、夏の甲子園で天理高校の逆転マジックというのが評判になったことがあって、試合終盤までリードされている天理高校の監督が「ぼちぼち行こか」と選手に声をかけると、毎試合、決まって不思議に点が取れて、とうとう優勝してしまったということなのであるが、負けている監督が吉本新喜劇の池乃めだかよろしく「ぼつぼつこのへんで始めようか」というのも、独特の変化球である(第七章)。正味、額面どおりそう思っているというわけでもなく、かと言って照れ隠しや皮肉で反対のことばを選んでいるというわけでもなく、本当の気持ちをそういう言い方に持ちこんでいる自分を楽しむ、そんな場面でそういうふうに気持ちが動くおもしろいキャラクターを演じることそのものを楽しむという身のこなしであって、ここでそんなことを言うやつがいたらおもしろいではないかという、これも一つの「当事者離れ」の形なのである。そのとき、「このまま負けたら君らの高校野球は終りだ。なにがなんでもがんばれ」などと恥ずかしくて言えるものかという、一種の含羞と呼べるものが監督の気持ちにあったことは否定できないであろう。「当事者離れ」の一つの動機として関西人特有の一種の照れ、含羞が働く場合があるのである。ええかっこすることが恥ずかしい、かしこそうにものを言うことが恥ずかしい、あたり前のことを何の工夫もなくあたり前に言って澄まし顔でいることがものすごく恥ずかしい。大阪人のこのような含羞と大阪人の会話の「当事者離れ」との間には、意外に深いつながりがあるようである。

笑いというものが生まれるためには、言うまでもなく、ある事態をその外に立ってながめることが必要である。相手の言動の逸脱ぶりや自分の失敗を、状況の外に飛び上がって相手と並んで共にながめて笑う、そこにこそ深く丸みのある笑いが生まれるであろう。自在な「当事者離れ」こそ大阪の笑いの出発点である。大阪の人間が二人寄ると必ずボケとツッコミになると言われるが、「今ここでこんなことを考えるやつがおったらおもしろい」と、ナマの現実から離れておもしろいキャラクターを構想し、その想像の楽しさを増幅してみせるという共同作業がそこで始まるのであって、ボケとツッコミの役割分担は、現実離れ、当事者離れのための共同作業なのである。

停滞を嫌い、変化を好む

大事なこともそうでないことも、等速度に一行一行楷書で書いて定規でアンダーラインを引くようなしゃべり方は、大阪では「辛気臭いしゃべり」「もってまわった話し方」として、嫌われる。

「うまいもんやなあ。鉄砲魚のいない御家庭にフマキラー。はえ、気の毒やなあ」

とか、

「ボチャーン、ねこ池落ちよってん」

のように、緩急自在に、時にはものすごい飛躍を含みながら、言いたいことの要点から要点へ駆け抜けていくようなことばの運び方が、大阪では歓迎されるのである(第八章)。

話の筋の転換の速さに快感を感じ、内容の進展の歩幅において変化を好むという大阪人の会話の傾向の根底には、もちろん、大阪人の気持ちのリズムというものがある。何もしないでじっと待つことが極端に苦手であるという大阪の人の内面的な時間感覚は、「青信号まであと何秒」という信号表示や、「次のバスはどこまで来ています」という市バス停留所の親切な表示装置、さらにはいっぺんに硬貨を十枚ぐらい飲みこんで勘定してくれる地下鉄の「硬貨一括投入券売機」などから十分に見てとれるし、大阪人の歩き方は世界一セカセカしているという(第八章)。

停滞を嫌い、変化を好み、イラチで敏捷な大阪の人の気持ちの動き方が笑いを求めるということは、当然のなり行きである。

笑いというものは、期待された内容と現実に起こったこととの乖離や二つの文脈の衝突など、要するに二つの視点の出会い、重層によって生ずる。

「彼女にふられて目の前まっ暗や」
「ほう」
「よう見たら停電や」
「なんじゃい、そら」
というのは、気持ちの比喩としての「まっ暗」と停電による物理的な「まっ暗」との衝突であるし、
「満員電車の中でぼくの靴を踏むやつがおる」
「そんなもん、黙ってたらいかんで」
「そやから言うたった……おい、おい、おい、靴踏んどるで」
「こっちもあいとるで」

という笑いは、「靴を踏んでるぞ」という相手の発言をその意図(非難)から切り離して「もう一方も踏むべき余地がある」という文脈に乗せ換えたところに生じている。

このように、笑いというものは二つの視点の衝突、重層によって発生するものであり、それは一つの音形に二つの意味を認める駄ジャレに至るまで、すべてそうなのである。

笑いというものの基本的な構造がそうである以上、一つの視点の内部にとどまっていては、笑いは生まれない。ある視点から他の視点への乗り換え、ある文脈から他の文脈への転換ということこそが、笑うべきことの発見なのであり、転換や変化を求めるという精神のあり方が笑いを指向することになる。

大阪のことば、大阪の人が、停滞を嫌い変化を好むということと、大阪の笑い指向とは、このようにつながっているのであった。

第十二章

笑い指向と饒舌の背後にあるもの ②

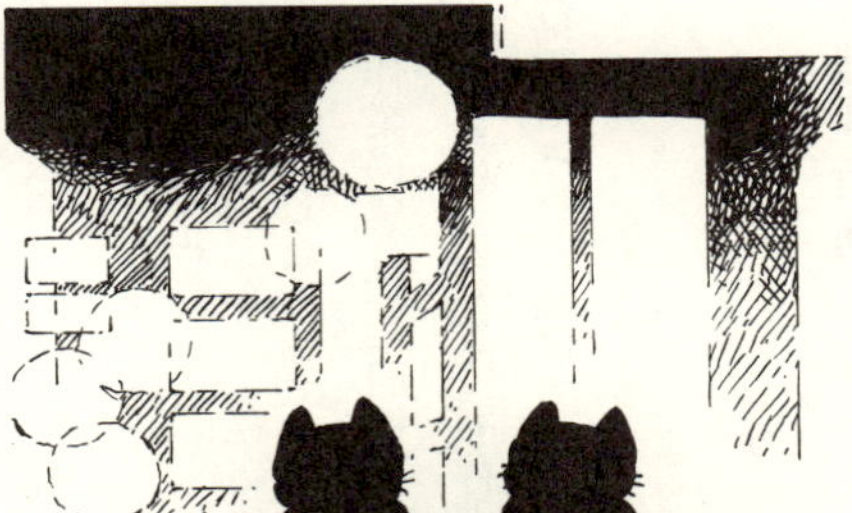

第十章まで、大阪のことばの根底には大阪の人のどのような気持ちの動き方があるかを見て来たが、そこで指摘した様々の特徴がほとんどすべて「笑い」というものに結びついていくことを、前章と本章とで考えてみたい。

前章では、大阪のことばに見られる特徴を整理しなおして、(A)相手との距離の近さ(開放性)、その一面でもある(A')会話の共同作業の感覚(共同性)、そのほかに(B)「当事者離れ」の感覚、(C)大阪独特の「照れ」あるいは「含羞」、(D)停滞を嫌い、変化を好む感覚、の四つないし五つを挙げた。本章ではそれに続けてさらに四つほどの特徴を考えてみる。

対応の敏捷さ、細やかさと合理性指向

同じ一つの気分、テンポ、文脈の中にじっととどまってはいられないという(D)停滞を嫌い、変化を好む感覚は、大阪のことばの敏捷さを支える一つの大きな柱であるが、ことばの敏捷さというものにはもう一つの側面がある。それは、対人的対応、状況対応の細やかさと速さである。

例えば、相手にものを言うことを要求する場合一つとっても、大阪のことばには、「言エ・言エヤ」「言イ・言イイナ・言イヤ」「言ウテ・言ウテエナ・言ウテヤ」「言インカ・言インカイ・言インカイナ」「言ウテンカ・言ウテンカイナ」「言ウタリ・言ウタッテ・言ウタレヤ」などと、多様な言い方があった(第四章)。これは、相手と自分の関係や、場面、状況のあり方を精細、緻密に感じ分け、それに応じて要求の仕方を微妙に使い分けるということであって、そのような対人的な感覚の鋭さと対応の細やかさ、敏捷さの表れにほかならない。

客の様々なニーズに細かく合わせて電気ゴマすり器から風俗産業まで、次々と新手の商品をこまめに開発するのは大阪の商売の大きな特徴であるし、「これこれこういう革のサイフないやろか」とむずかしい注文を出してきた客に対して、「ありません」

とつっぱねないで「惜しいなあ、きのうまであってん」と思わず吹き出すような応対をして客をひきとめる(第二章)のも、対人的な対応の敏捷さにほかならない。

漫才師ならぬ一般人の会話において、だれかがボケればだれかがツッコむ。それどころか、相手がボケたがっていると見れば、ボケやすいように話の流れ、キッカケをお膳立てしてやる(第七章)。大阪の子どもが小学校の休み時間以来自然に訓練しているそのような会話のセンスは、会話の共同作業の感覚であると同時に、相手の意図をすばやく察知してそれに合わせる能力であって、対応の敏捷さそのものと言える。

このような(E)対人的対応、状況対応の敏捷さと細やかさが笑いを生み出す決定的な要素であることは言うまでもない。刻々と変化する会話の流れの一つ一つの瞬間に、最も適切なことばをくり出すことによって、相手の意図、文脈や相手と自分の関係そのものを微妙に、あるいは瞬間的に変化させる。そこに笑いが生ずるのであって、対応の敏捷さと変化こそが笑いをもたらすのである。

大阪の人は、状況対応における柔軟性を何よりも高く評価する。予定や予想と違った状況に出会ったら「その場で絵をかけ」と言われる。臨機応変の状況構想能力が要求されるわけである。

タクシー乗り場で客を乗せた車が赤信号のために発進できず、しかも空車と客とがともに行列を作っているのなら、次のタクシーがいっぺんに七台も八台もドアを開けて、並んでいた客が分かれてそれに乗りこむ。東京では少ないこの種の光景が大阪では日常的に見られるが、このような行動を支えるのは、右の(E)状況対応の敏捷さとともに、合理性を何よりも重視する気持ちのあり方であろう。外見の行儀のよさや情緒的な美しさよりもどうすれば目的が達せられるかを重視する精神、秩序そのものに自己目的化した美を感ずるというよりはむしろ複数の異なる要請を何とか両立させようと「その場で絵をかく」姿勢に快感を見出だす大阪の感覚(第八章)は、一言で言うなら、(F)合理性指向と呼べるものである。

東京落語の「長屋の花見」と大阪落語の「貧乏花見」を比べたとき、後者では長屋の住人がそろって花見に出かける必然性というようなものが周到に準備されているのであった(第五章)。このように理づめで納得する大阪の観客の好みは今に始まったことではなく、今から二百年前、享和年間に成立した随筆『作者式法戯財録』にも、大坂の客の「理づめ指向」が紹介されている(第五章)。東京のリリシズム対大阪の合理性指向という相違は根の深いものであって、「大阪人は計算高い」「東京人はエエ格好シイだ」という互いの非難は、このあたりの相違によるものであろう。

ともあれ、この(F)合理性指向という大阪人の気持ちのあり方は、笑いをことのほか好むという傾向と深くつながっている。涙が情に根ざすのとは対照的に笑いは理に根ざすものであり、こうであればこうなるはずなのに現実はこうなっている、これはこれこれの意味でこうであるはずなのにそれと違った意味でこうなっているというように、複数の文脈、視点が重層し、衝突するところに笑いというものは発生するのである(第十一章)。笑うべきことの発見と、それを笑おうとする気持ちの動きは、情緒ではなく理性によってもたらされるものであり、大阪人の合理性指向と笑い指向とは実は一つのものなのである。

複眼性・重層性と「そのものズバリ」

大阪の人の話はコロコロ変わる、一体どっちなんだと言われることが、しばしばある。

「あの役者、一所懸命やってるなあ。熱気がムンムン伝わってくるで。けどおもろないわ」

「あの遊園地、広いで。ゆっくり歩いてたら日ィ暮れるわ。入場料高いし、人混んでるし。みんなあんなとこ子ども連れでよう行くなあ。わしらも行ってみよか」

役者の一所懸命さが伝わってくることとおもしろくないこととは何も矛盾しない。あんな人ごみに子ども連れでよく行くものだという感嘆と、自分たちも行ってみようと思うこととは、これまた矛盾しない。矛盾しないどころか、ある意味では連続してもいる。「それはそれ、これはこれ」なのであって「それ」と「これ」とを共存させることに何の躊躇もない。称賛で始まったから称賛を続けなければならない、否定的な調子で始まったから最後まで否定的でなければならない、というような感覚は大阪では薄いのである。

「あんたとこの店、はよ立ち退いてもらわないかん。もう五年も前から言うてるのやから、そないいつまでもがんばってもろたら、そら、ぐあい悪いで。それはそうと、今晩お客さん連れて行くわ。おいしい鰻食べさして」

というような会話が、平気で行われていると言う。

「それはそれ、これはこれ」と、異質なものを共存させる感覚は大阪弁の語法にも表れていて、「はよせんかいな」というような命令の語法は、「〜せんかい」という一方的な決めつけと、自分と相手とが同じ気持ちであることを確かめる「な」という助詞とを共存させるという離れ技をやってのけている(第四章)。「……でんねん」「……まんねん」という語法は、相手を尊敬する「です・ます」と、自分と相手との間の垣根を取り払う「ねん」ということばとを共存させているし、「……でんがな」「……まんがな」は、「当然……である。そうではないか」と相手にむかって主張し、納得、了解を強要するような意味の助詞「がな」と、相手を尊敬する「です・ます」とを共存させている(第三章)。大阪ではこのように、相手に対する二つの異質な姿勢を語法の上でも共存させる場合が相当にあるのであって、「それ」がそうだからと言って「これ」を排除してしまうものではないという言わば複眼的な感覚、思考様式が、ことばの上にも見てとれるのである。

前項で紹介した「言ウテ・言ウテヤ・言ウテエナ」「言ウテンカ・言ウテンカイナ」などの多様な言い分けも、よく見れば「言エ」「言イ」「言ウテ」という基本形の上に「ンカ」「ナ」「ヤ」などを何重にも塗り重ねるという方法で多様な言い方をつくりだしているのであった(第四章)。異質な気持ちを担うそれぞれの語を相当無制約に重層させるという仕方で、結果的には少しずつ微妙に違った多様な色合いの表現の道具を創出しているわけである。

異質な要素、側面を積極的に共存させて対象を認識するという複眼的思考様式ないし認識の重層性が、このように大阪の人とことばの大きな特徴として指摘できるのだが、この(G)複眼性、重層性と笑いとは、これまた関係が深い。何度も言うとおり、笑いは複数の文脈が衝突し、重なるところに生ずる。初めからすっきりと一つの文脈の中に安定し、他の方向へも展開し得るような要素をあらかじめ排除してしまっているところには、笑いは生まれようがない。会話の運びにおいて、語法において、さらにはたぶん服装においてさえ、異質な要素の共存を楽しむというような風土の中でこそ、笑いは積極的に好まれることになる。

以上、(A)から(G)まで、大阪のことばの根底にある大阪の人の気持ちのあり方の特徴を七つほど挙げてきたが、この中のいくつかの組み合わせの結果として、八番目の特徴、(H)「そのものズバリ」の表現傾向ということが出てくる。

動物園のトラのオリの前にはただひとこと「かみます」と書いた立て札が立っているし、電車の中には「指づめ注意！」という、ヤーさんが見たら気を悪くしそうな貼り紙がしてある。梅田の地下街の名前は「ウメチカ」であったし、阿倍野の地下街は「アベチカ」である(第五章)。いかにもそのものズバリで、「もうちょっとほかに言いようはないか」と言いたくなるぐらいだが、わかりやすいことはこの上ない。

この「そのものズバリ」の表現法を要請する感覚は、第一に、もたもたともってまわって言うことを嫌う感覚であり、見てハッとすることを尊ぶ感覚であるが、これは言うまでもなく、(D)「停滞を嫌い、変化を好む」ということの表れである。と同時に、その基盤には、相手に対して構えないで気楽にスッとものを言うという、(A)「相手との距離の近さ」の感覚があることも忘れることはできない。加えて、わかりやすいのが一番、それ以外に何を考えることがあろうかという、(F)「合理性指向」が根底にあることも、これまた言うまでもない。さらには、気取ってものを言うのは恥ずかしい、「指づめ」なら「指づめ」でよいではないかという、(C)一種の「照れ」がそこに働いていると言うことさえできるかも知れない。

「かみます」の立て札や「指づめ注意」の貼り紙を見て、「下品だ」と思うか「わかりやすい」と納得するか、それは大げさに言えば、大阪の人とことばの諸特徴をまとめて好意的に見るか反発するかの試験紙だとさえ言えるであろう。

文化としての大阪ことば

大阪のことばと人の特徴として挙げた項目が大阪人の笑い指向の体質と結びついているものであるということは、(A)から(G)までの一つ一つについて確認した。(A)(C)(D)(F)の結果とも言える(H)「そのものズバリ」の感覚というものが笑いを支える大きな要素であるということも、これまた説明を要しない。大阪のことばと人の特徴のすべて、(A)から(H)までの総合の結果として、(I)大阪人の笑い指向の体質ということがあるわけである。大阪のことばは漫才のことばだ、大阪の人が二人寄ると漫才になると言われるのは、大阪弁をテレビの漫才でしか聞いたことのない人の浅薄な大阪イメージとして言われるのなら明らかに見当はずれであるが、右のような深い意味では、大阪の文化の本質を突いていると言ってよいであろう。

また、(A)から(I)までの特徴は、すべて(J)「饒舌」という十番目の特徴をもたらすものでもある。
(A)相手との距離が近く、垣根をつくらないところでは自然にことばかずが多くなるし、一人でものを言ってしまわないで(A′)相手との共同作業で話をするという感覚にあふれているところでは、会話におけることばのやりとりは必然的に多くなる。随時(B)「当事者離れ」の飛躍をしでかして状況戯画化を楽しむという会話の中では、ただの要件伝達のためならなくてもよいことばがそのためにこそ動員されるのだから、これまた、ことばの数がふえることになる。
当たり前のことを当たり前にスッと言って澄まし顔で立っていることが恥ずかしいという(C)大阪独特の「照れ」や「含羞」があると、それを消すために、どうでもよいことをゴチャゴチャと言いたてることになるし、(D)停滞を嫌い、変化を好む感覚というものは、こうだと思ったらそうではないという意外性や変化のある展開を求めたり、一つの流れの中に異質なものをわざわざもちこんだりすることになるから、これまた自然にことばの量がふえることになる。

(E)相手の気持ちに応じ、状況に応じて敏捷に、細やかに反応し分けていくところでは、その細やかな身のこなしを実現するものは言うまでもなくことばであり、ことばの量は多くならざるを得ない。一つの気分や勢いの中に、あるいは一つの情緒的な美の中にとけこんでしまうのでなく、こうすればこう、こうだからこうと理づめで納得し、そこに快感を感ずる(F)合理性指向の体質においては、必然的にことばの量は多くなる。

一つのあり方の中にもそれと対立する側面のあることを見てとり、異質なものの共存をむしろ積極的に楽しむ(G)複眼的思考様式、重層的認識においては、対象を多面的にとらえ、表現するのだから、ことばの量は当然多くなるし、(I)笑い指向の体質において饒舌になるのは言うまでもないところである。

大阪人はどこに行ってもうるさい、おしゃべりであるとよく言われる。この発話の量の多さと、もう一つ(D)「変化を好む」感覚から直接に出てくる「変わったこと好き」「意外性大好き」のものの言い方とが一緒になって、よその人からは「大阪人は目立ちたがり屋で、自己顕示欲が強い」などと言われることが多い。自分のものとは違った感覚、行動様式を理解するということ、つまり異文化の相互理解ということがいかにむずかしいかを思い知らされるところであるが、(J)「饒舌」ということそのものは、自己顕示欲の強さというのとは違った意味で、右のとおり、大阪の人の気持ちのあり方の総合的、集約的な表れであると言ってまちがいない。

そもそも人間の発話の量の感覚というものは、どれぐらいでせせこましいと感じるかという空間感覚などと同じように、生まれた環境によって決まってしまうものであろう。欧米人はよくしゃべる。隙間さえあれば、それをうめるようにしゃべる。無論、無口なアメリカ人もいるのだが、われわれにはそう感じられるのである。大阪人がよくしゃべると言われるのもそれと同じことであって、良い悪いの問題ではない。まして自己顕示欲が強いのではない。しゃべることが生きることであるという文化の中に、大阪人は生きているのである。

大阪弁は非論理的ゆえに滑稽である。大阪弁は情緒面の表現にすぐれているから味わいがある。そのゆえにこそ大阪弁を愛するのだ、というようなもの言いが時々聞かれる。この「大阪弁」というところは「方言」ということばに置きかえても構わないのであろうが、それはかつての日本語論といかに似ていることか。日本語は非論理的であると勝手に思いこみ、日本語は情緒のことばだと自己限定してそこに居直り、そこから日本人の特殊性を主張して自らの殻に閉じこもる。それと同じことを、大阪弁を、方言をめぐってやろうとしているのではないか。

地域のことばというものは、単なる郷愁の対象として思い出されるべきものではなく、おもしろ風俗として語られるべきものでもない。その地域の人の心のあり方を実現し、支えているものが言語であり、方言である。すべての言語、方言の中に、人間としての普遍的な価値の実現があり、その方言らしいそれぞれの実現の仕方があるのである。大阪のことばは大阪の文化をどのように実現しているか。大阪の文化の特徴と言えるものはどのような普遍性を持っているか。そういう目をもって大阪のことばを考えていくことは、ことばが咲きにおう大阪という土地に生まれた者の誇りでもある。

内なる大阪ことばを求めて――あとがきの代わりに

方言の研究者でも社会学者でもない私がこのようなものを書くことになったのは、どうしてだろうか。大阪の人間はこのように気持ちが動くのですという、半分は自分の告白みたいなものを、ひと様に読んでいただいてどうしようというのだろうか。校正刷りを読み返してみてそういう疑問を自分で禁じ得ず、その答を、あるいは経緯を、自分なりに整理しておかなければならないような気持ちになった。

大阪の雰囲気はよそとは違うということを意識したのは、当然のことながら、大阪を離れて東京で暮らすようになってからである。大阪市の十三で生まれ、豊中市で小学校に行き、いわゆる阪神間で中学、高校生活を過ごした者が、大学受験のために上京してはじめて山手線に乗って聞いた東京の人の話しぶりというのは、それはもう、とても信じられないようなものであった。別に言わなくてもいいようなわかりきったことを、もってまわってたいそうに、声高に恥ずかし気もなくしゃべる人たちが世の中にいるということが、その時の私には驚きであった。スポーツ新聞の見出しにあるような大げさでものものしい漢字語を、私の感覚ではどうしても書きことばでしかない堅い堅いことばを、電車の中で堂々と生きた人間がしゃべっているというのは、大発見であった。日本にはいろんな所がある……はじめて故郷を離れた者が必ず持つその感想を、私はそういう仕方で持った。

そのような、よその土地で生活をするという息苦しさが、その後三、四年は続いたように思う。それはことば遣いだけでなく、人の表情や身のこなし、電車の車内の暗さから街の景色、風の強さまで含めた、東京の空気の息苦しさであった。そんな空気の中で、私はどうしゃべればいいのか。気がついてみると、同じ時期に上京した高校の同級生たちの話し方は、四種類あった。一つは、東京の人の話し方は論理的でよいと、意識的にあるいは無意識に東京に同化して、夏休みに大阪に帰ってもにわか仕込みの東京弁を使うタイプ。二番目は、東京でも大阪でもあい変わらず高校時代のままの関西風の話し方を続けるタイプ。これは、わりあい色の薄い関西弁をしゃべる男に多かった。三番目は、相手により場所により大阪弁と共通語を、アクセントや言いまわしまで含めて使い分けるタイプ。四番目は大阪風と東京風がごちゃごちゃに混ざってしまうタイプで、聞いていてこれが一番気持ちの悪いタイプであった。この四タイプが人数にして四分の一ずつぐらいあったように思う。私は、三番目のタイプであった。第一や第四のタイプは私には気色が悪くてできなかったし、かと言って、目の前の相手の話す東京風のことばとはリズムやテンポが水と油のように全く違う大阪弁を押し通すという第二タイプも、私にはできなかった。第三の使い分けで行くよりほかに、できなかったのである。

しゃべることにそこそこ器用であった私は、堅い話ならほぼ完全に東京風に話すこともできた。アクセントや母音の無声化ぐらいのことなら、それはまあ、何とでもできる。言語学で方言を専攻している先輩から「尾上さんは東京生まれでしょう」と言われたこともある。けれども、なにか違う。自分の話す共通語は東京の人の話すそれとはどこか違うのである。国語国文学専修課程で指導教官であった松村明先生や非常勤講師として授業を聞かせていただいた林四郎先生のことばは、私などには絶対に真似のできないものであった。肩の力が抜けていて柔らかく、流れるようでいてしかもくっきりしている。本当の東京の人の話し方というのは、おだやかで落ちついたものである。はじめて上京した時に山手線で聞いてびっくりした、あのくそなまいきな話し方とは全く違うのであった。そしてそれは、私には逆立ちしても真似のできないものであった。何が違うのだろう。自分にはどうしてあのように話せないのだろう。その問いは当然、自分の中にあるのはどういうものだろうという問いにもなって行く。

そんなころに出会ったのが『上方落語(上・下)』(筑摩書房)という落語集に書かれた三田純一(後に純市)氏の新鮮な解説であった。それまで私がもやもやと感じていた大阪的なるものの正体の一端を、上方落語の特質という形で切りひらいて見せて下さったのである。〝大阪〟をことばにして語るということの面白さとみごとさを、その後三田氏の何冊もの本で味わわせていただいたが、この時がその経験の初めであった。大学の落語研究会に所属していた私は、人並みに志ん生にあこがれ、志ん朝に血をたぎらせ、圓生のもの真似をしていたが、この時以来、自分の中にあるものを落語で出すには上方落語だと一大決心をして、春団治の「皿屋敷」や米朝の「代書屋」の真似を始めた。「軒付け」の世界へのあこがれから浄瑠璃のお稽古にも通った。

けれども、東京風のものがきらいになったわけではない。大阪的なものがだんだんとはっきり見えてくるに従って、それとは全く別の魅力として、東京の落語もますます好きになっていった。三遊亭好生(後に春風亭一柳)さんにお願いして「淀五郎」という大それた噺をつけてもらったことがある。自分にはできないとわかっていて、あこがれたのである。

大学院にはいったころ、NHKテレビで茂木草介脚本、丸田強演出の「けったいな人びと」というドラマが放送された。会話と言い、人物と言い、音楽からカメラワークのすみずみに至るまで大阪的なものがふんだんに盛り込まれ凝縮されたドラマで、〝大阪〟にあこがれていた私には、ねこにまたたびのようなものであった。オープンリールのテレコに毎週欠かさず録音もした。後に、演出の丸田さんに頼みこんで、一年分全回の台本もいただいた。日本中で私しか持っていないと思う。だれにもあげない。

このころ、大学院で金田一春彦先生の「国語音韻論」という講義があった。ことばの音調というものを然らしめるすべての要素、要因を分析するものだったが、それはまさしくことばを行為の全体性において捉えようとするものであった。文法論を専攻する学生として、文の統語構造やテニヲハの用法をギリギリとつきつめて分析することに執心していた私は、そこに深い深いおもしろさを感ずると同時に一種の息苦しさを感じてもいたのだが、金田一先生のこの講義でそれが解放された。ことばを対象として研究することにはこういう側面もあったのだと教えていただいたのである。文法論そのものにもそのような目配りがなければならないが、なおそこに乗りきらないものも勿論《もちろん》たくさんある。それをいつか書いてみたいと思っていた。私にとってそれは〝大阪〟をことばの側から描いてみるということであった。その時の「国語音韻論」の授業で、私は「大阪ことばの文音調」の分析を単位レポートとして予定していたが、締切りまでに提出できなかった。それにも拘らず、先生は心やさしく「優」を下さった。本書は、二十数年前、二階の手すりから帯に結んでめぐんで下さった「優」一つへのせめてもの御恩返し、つたない一本刀土俵入り……にもなっていればと思う。先生から、今回、本書(創元社版)に推薦のおことばをいただいた。私には何よりもうれしい、ありがたいことである。

十一年間の東京暮らしのあと、私は神戸大学に勤めることになり、あこがれの関西暮らしが始まった。よし、これでバリバリの大阪弁がしゃべれると思ったのも束の間、実は大阪弁がしゃべれなくなっていることに気がついたのである。神戸大学の学生さんたちと話してみると、なにやらうまく行かない。東京でも研究室以外では大阪弁を使っていたし、上方落語もやっていた。十分にしゃべれると自分では思っていたのだが、学生たちの大阪弁の輪の中にはいると、なにかそのリズムに溶けこめないのである。これはいかん、遅れをとった。大阪弁のイキを気づかないうちになくしかけている自分というものがこわかった。ねずみをとれなくなったねこどころではない。ねこがたぬきになりかけていたのである。

それからというもの、来る日も来る日も国文学専攻読書室という名の学生のたまり場に通いつめ、だれかれとなく話しかけ、話の輪の中に入れてもらった。一方、大阪新世界(「ふたりっ子」の舞台になったあのあたり)の新花月をはじめ、あちこちの演芸場にも通った。サブロー・シローが「テンガチャヤー、テンガチャヤー」と電車漫才を必死でやっていたころであり、カッパ・エビスの仏教漫才が輝いていたころであり、やすこ・けいこがまだ無名で、酔っぱらいの客にいじめられているころであった。そんな苦労が実って(苦労なんかしてない!)半年後には、国文の学生さんのコロコロ話をころがすリズムの中に完全に溶けこめるようになり、ようやく私も真人間に立ちもどったのであった。

その後、NHK大阪の熊谷富夫さんや長島平洋さん、読売テレビの有川寛さんたちのおかげで、漫才を身近にたくさん聞く機会にめぐまれた。NHKの演芸台本研究会の例会を毎回傍聴させていただいて、漫才の会話のつくりについて織田正吉さんらのお話をたっぷりうかがうこともできた。大阪のことばと笑いの関係を本気で考えるようになったのは、これらのおかげである。

文化プロデューサー河内厚郎さんにひっぱり出していただいたおかげで大阪市や大阪都市協会の大阪弁関連事業にも参加することができた。NHK大阪のアナウンサー(その後東京で解説委員)小池保さんにひっぱり出していただいて、大阪弁一日九時間というとんでもない全国中継大阪弁ラジオ番組を三回もやらせていただいた。このような私にとっては楽しい仕事の中で、世間の人の大阪弁に対する様々な関心のあり方に触れ、また世代や地域によるその差を知ることにもなり、そのいずれも間違いということはないにせよ、本当の〝大阪ことば〟というものはこのように理解してほしいという気持ちが、私の中につのるようになってきた。それはよその人に大阪をわかってもらいたいというより、何よりも大阪の人に大阪をこのように自覚してほしいという願いである。

本書に述べたようなことだけが本当に大阪なのか、これと異なる感覚で大阪をとらえる見方はないのかと問われれば、それはいかようにもあり得よう。それはちょうど、日本人論、日本文化論が論者の数だけあることと似たようなものである。日本語の文法とはこんなものだと、日本語についてよく考えもしない浅薄な日本語文法が語られた場合、文法論の研究者として私は座視できないというのと同じように、大阪的なるものと大阪のことばとを愛する者として、いい加減な大阪弁論が前受けをねらって語られるのを黙って見ているわけにはいかない。そういう気持ちから、本書を書くことになった。しかし、このようなことにはそもそも専門家というものはあり得ないし、私は無論、専門家でもない。ただ私の内にある〝大阪〟を求めて、ことばという角度から光を当ててみたまでである。

本書は、大阪都市協会発行の雑誌『大阪人』に「ことば咲く大阪」というタイトルで平成八年四月号から九年三月号まで一年間にわたって連載したものをまとめ、少し手を加えたものである。当時お世話になった『大阪人』編集の関係者の方々に感謝している。

平成十一年二月

著　者

解説

井上　宏

私は大阪で生まれて育ったので、それなりに大阪弁が身についていると自分では思っているが、その大阪弁がどんなことばなのかということになると、よく理解しているとは思えない。自然に身についたことばだから、空気のようなもので、その文法や言い回し、音韻の意味などについて、あらためて考えるというようなことはなかった。

尾上圭介氏に出会って、私自身、自らが話すことばを自覚するようになり、なるほど大阪弁というのには、こういう特徴があるのか、と納得するようになった。東京のことばと比較してみると、いっそう大阪ことばの特徴を理解できるようになった。表面的には両者の違いは明らかで、その比較が漫才の題材にもなったりするが、その違いがどんな意味を内包しているのかとなると、うまく説明できないできた。本書は、そんな疑問に専門的な立場から応えてくれていて、「なるほど、そういうことになっているのか」と納得させてくれる。

尾上圭介氏は、「大阪市の十三で生まれ、豊中市で小学校に行き、いわゆる阪神間で中学、高校生活を過ごし」、大学で初めて東京に出る。東大で大学院までを終え、十一年間の東京暮らしをして、神戸に戻ってくる。大阪をよく知り、そして東京もよく知っている学者で、しかも国語学の先生ときている。こういう先生は、尾上氏をおいて他にないのではないか。私も大阪の生まれで、大阪の「お笑い」が大好きで、「大阪の文化と笑い」について論じたりしているが、私には東京在住の経験がほとんどない。

ことばの分析と言っても、生活体験がないことには、そのことばを文化の問題として論じるのは難しい。単に言葉の上での比較なら、言語学的に可能であろうが、本書は両者の生活体験の実際を踏まえて書かれており、そういう点で言語学や国語学とは何の縁もない私たちにも容易に読めて且《か》つ面白いのである。

私が尾上氏を知ったのは、氏が神戸大学におられた時である。「日本笑い学会」(一九九四年設立）という学会が誕生する前に、私は「笑学の会」（一九七八―九四）というサロンを主宰していて、その会員になってもらって話をうかがったのが最初であろうか。「笑学の会」は、「上方演芸に関する笑いの研究活動」を目的にかかげて発足し、会を重ねるうち「文化と笑い」「人間と笑い」など、笑いに関するテーマを幅広く取り上げるようになっていった。尾上氏には大阪のことばについて話してもらったことを記憶するが、今は亡き作家の三田純一氏を招いて「大阪弁と大阪人」について話してもらったことなども思い出す。

尾上氏には、その時、こんなことを教えてもらったように思う。

大阪弁では語尾に「な」をつける表現が多いが、それは私もこう思っていますが、あなたもそうお思いですねと、距離を近くにとったものの言い方なのだと聞かされた。「ねん」の語尾にも、相手を突き放さないで近くにとっておこうとする配慮が込められているのだということであった。

子供のときから馴染《なじ》んで身につけた言葉は、使ってはいても、その言葉が秘めている深い意味に気がついているわけではない。尾上氏のような言葉の専門家によって解き明かされて知ることになる。と言っても尾上氏は、専門家というばかりでなく、学生時代には落研で自ら落語を演じており、私の推測するところ、今でも立派に演じることができるのではないだろうか。上方落語と東京落語の両者に馴染んでいるところも学生時代の賜《たまもの》ということであろうか。ことばに対する感性が鋭いのである。本書には、氏の鋭い感性がとらえた例が豊富に登場する。

大阪のことばは、会話のことばで、声を響かせた会話をしないとその真価は分からないということになろうか。私が関西大学の社会学部にいた頃、上方漫才のテープをもっていたので、尾上氏から貸してくれないかという話があった。その目的をきくと、大学のゼミで使いたいのだということだった。漫才の「ボケ・ツッコミのコミュニケーション」構造を分析するというものだった。かなり昔の話で、そんなことだったかなと記憶している。大学のゼミで、漫才のダイアローグを分析研究したのは、尾上氏をもって初めてとするのではないか。

言葉は、コミュニケーションの道具だとよく言われるが、そんな単純なものではない。内なるものを言い表すとき、伝えるのに必要なことを言葉で伝えるが、表に言い表された言葉の意味は容易に了解できても、言葉が内に秘めている意味は、誰にでも分かるというものではない。また文字化して了解する意味と、声に出して会話になる場合とでは、意味が全く同じになるというわけではない。大阪弁のように語尾に「な」や「ねん」、「や」や「か」がつき、抑揚もからまってくると、それらは会話のなかで、状況に応じて多様な意味をかもしだす。

本書で尾上氏は、命令形の「言え」を例にとり、東京と比較して、大阪弁では何通りの言い方ができるかを示している。私が数えたところでは、東京では八通り、大阪では、三十四通りの言い方がある。大阪弁を使っている人間でも、そんなに言い方があるのかと、その幅の広さに驚いてしまう。

尾上氏の説明によると、「相手と自分の関係や、場面、状況のありかたを精細、緻密に感じ分け、それに応じて要求の仕方を微妙に使い分ける、そのような対人的な感覚の鋭さと、対応のこまやかさ、敏捷さとが、道具としての命令表現形式の多様さを必要としている」というわけである。

方言にしても国語にしても、言葉はそれを使っている共同体の長い歴史のなかで作り上げられる。大阪弁も大阪社会の長い歴史のなかで作り上げられたもので、それは意思伝達の道具としてばかりでなく、大阪人のものの考え方や生活態度、価値観、美意識などを反映したものとして存在する。つまり大阪人の文化そのものが、大阪弁に内包されているわけである。

本書のユニークなのは、言葉を文法的、語彙《ごい》論的あるいは音韻的に論じたものではなく、言葉を通して、言葉が内包する文化を解き明かした点にある。もっと言えば、大阪の文化そのものを言葉の分析によって論証したと言える。

私は大阪の文化を論証しようと思って「笑い」を手がかりにした。大阪ではどうして「笑いの文化」が盛んになったのか、笑いを愛好し、笑いを奨励する文化が発達したのか、ということに興味をもって、大阪の文化をあぶりだそうとした。その結果、私は大阪の文化の特徴として、「実質文化」「交渉の文化」「柔軟思考」「楽の思想」「口の文化」をあげているが、いずれも尾上氏が分析する大阪弁の特徴に通じるのである。本書を読みながら、私は「なるほど、なるほど」と頷《うなず》き通しであった。

一例をあげてみよう。大阪は商人の都市として発展をみた街だから、何と言っても他人との関係性が重視される。取引先やお客などとの会話が大事とされる。交渉ごとは、緊張を解いて言葉でもってなされるが、当然そこに笑いが求められる。大阪弁を使っての「口の文化」が発達する。関係性への気配りは、おもしろい表現を生み出し、語尾の「な」や「ねん」「か」「や」などの助詞が大活躍してくれる。笑顔もなく、「息がつまる」とか「間がもたない」というのでは、会話は断たれてしまうわけで、「なんなと言わな、おもしろない」ということで会話をつなぐ。本書の分析は、大阪の「口の文化」を見事に解明してくれるのである。

笑いとの関係で言えば、大阪弁のなかには、対人関係の距離を近くにとろうとする仕掛けがあるという点である。対立、断絶する場合でも、喧嘩《けんか》して終わるのではなく、ゆとりを残しておくような表現を用いる。断るときに「考えさせてもらいまっさ」という言い方をするのも、それは、相手を傷つけないで、またの機会に、と関係をつなぐ言い方なのである。はっきり言ってくれないと分からないではないか、という人がいるが、その人は、言葉にしか注意がいってなくて、相手の様子、口調、雰囲気を感じとる能力に欠けていると言わなければならないと思う。

大阪人は、見知らぬ人同士の会話を気軽にこなしてしまう。電車のなかでも気軽に声をかけられる時がある。男性よりも大阪のおばちゃんはもっと気軽である。大阪弁には、相手との距離を近くにとる仕掛けがあるのである。

本書で「はよせんかいな」の例があがっている。「はよせんかい」と相手をきつく非難しておいて、「な」という助詞をつけて和らげてしまう。アクセルとブレーキを同時に踏むような表現をする。尾上氏によれば「相手と同じ位置に立ち、相手の肩を抱いて同意を確かめるような姿勢を維持するという」表現であると説明がつく。「相手との間の壁を取り去るようにものを言うという傾向は語法にまで表れている」のである。

大阪人が二人寄ったら漫才になる、とよく言われるのは、同じ会話をするのなら楽しくしたいという気持ちがあるし、思いついた洒落《しゃれ》もすぐに言ってしまうし、笑いが絶えない。両者の間に笑いが入って共に笑い合うということが、また両者の距離を縮めることになり、笑い合って笑いの感情を共有することになると、両者の親密感がまたいっそう強まるということにもなるのである。

もう一つ例をあげておこう。笑いは、次元の違った二つの視点や論理が、瞬間的に結合して起こる。同音異語や類似音異語による洒落や駄洒落の類も、次元の違った二つのものが瞬間的に結合して起こるのである。

尾上氏は大阪弁と笑いとの関係について、次のように言う。「ある視点から他の視点への乗り換え、ある文脈から他の文脈への転換ということこそが、笑うべきことの発見なのであり、転換や変化を求めるという精神のあり方が笑いを指向することになる。大阪のことば、大阪の人が、停滞を嫌い変化を好むということと、大阪の笑い指向とは、このようにつながっているのであった」と。

まことに大阪の言葉は不思議にできていると思う。上品で柔和で丁寧な言い回しから喧嘩をするのにはもってこいの汚い言い回しまで、幅の広い表現力をもって、しかも相手や状況に応じて微妙な感覚の使い分けができるのが大阪弁で、本書を読了すれば、そのことも自ずと納得でき、言葉は文化であるということがよく分かる。

それぞれのお国には方言があるが、ことばを手がかりにして、背後に秘められた土地の文化をあぶり出す仕事がもっとあってよいのではないか。伝統的に育まれてきた文化の再発見には、こうした「ことば学」が大切ではないかと思う。『大阪ことば学』は、まさに大阪弁を対象にして、大阪の文化を再発見させてくれるのである。

（関西大学名誉教授・日本笑い学会会長・二〇〇四年）

本書は一九九九年三月創元社より単行本として、二〇〇四年六月講談社より講談社文庫として、それぞれ刊行された。

底本には講談社文庫版を用いた。

大阪ことば学

2010 年 6 月 16 日　第 1 刷発行
2024 年 3 月 15 日　第 7 刷発行

著　者　尾上圭介《おのえけいすけ》

発行者　坂本政謙

発行所　株式会社 岩波書店
〒101-8002 東京都千代田区一ツ橋 2-5-5

案内 03-5210-4000　営業部 03-5210-4111
https://www.iwanami.co.jp/

印刷・精興社　製本・中永製本

ISBN 978-4-00-602168-9　　Printed in Japan
JASRAC　出 1004458-407

岩波現代文庫創刊二〇年に際して

二一世紀が始まってからすでに二〇年が経とうとしています。この間のグローバル化の急激な進行は世界のあり方を大きく変えました。世界規模で経済や情報の結びつきが強まるとともに、国境を越えた人の移動は日常の光景となり、今やどこに住んでいても、私たちの暮らしは世界中の様々な出来事と無関係ではいられません。しかし、グローバル化の中で否応なくもたらされる「他者」との出会いや交流は、新たな文化や価値観だけではなく、摩擦や衝突、そしてしばしば憎悪までをも生み出しています。グローバル化にともなう副作用は、その恩恵を遥かにこえていると言わざるを得ません。

今私たちに求められているのは、国内、国外にかかわらず、異なる歴史や経験、文化を持つ「他者」と向き合い、よりよい関係を結び直してゆくための想像力、構想力ではないでしょうか。

新世紀の到来を目前にした二〇〇〇年一月に創刊された岩波現代文庫は、この二〇年を通して、哲学や歴史、経済、自然科学から、小説やエッセイ、ルポルタージュにいたるまで幅広いジャンルの書目を刊行してきました。一〇〇〇点を超える書目には、人類が直面してきた様々な課題と、試行錯誤の営みが刻まれています。読書を通した過去の「他者」との出会いから得られる知識や経験は、私たちがよりよい社会を作り上げてゆくために大きな示唆を与えてくれるはずです。

一冊の本が世界を変える大きな力を持つことを信じ、岩波現代文庫はこれからもさらなるラインナップの充実をめざしてゆきます。

（二〇二〇年一月）